Franka Jahn, Regine Kulick, Brunhild Lübbert,
Sabine Skrandies-Delissen, Lutz Steinkrauß

Die schönsten Spiele aus Großmutters Zeit

Eine Auswahl für den Kindergarten

Franka Jahn, Regine Kulick,
Brunhild Lübbert, Sabine Skrandies-Delissen,
Lutz Steinkrauß

Die schönsten Spiele aus Großmutters Zeit

Eine Auswahl für den Kindergarten

HERDER

FREIBURG · BASEL · WIEN

Die Autorinnen - alle HeilpädagogInnen - haben sich im Rahmen eines Projektes intensiv mit dem Thema „Alte Kinderspiele" auseinandergesetzt. Als ein Ergebnis ihrer Arbeit haben sie diese Spiele-Sammlung zusammengestellt.

Gedruckt auf umweltfreundlichem, chlorfrei gebleichtem Papier

Umschlaggestaltung: Dietmar Prill, Freiburg
Umschlagfoto: Hartmut W. Schmidt, Freiburg
Illustrationen: Mathias Weber, Frankfurt

Alle Rechte vorbehalten – Printed in Germany
© Verlag Herder Freiburg im Breisgau 2002
www.herder.de
Layout: Zumstein Grafik Design, Merzhausen
Druck und Bindung: fgb · freiburger graphische betriebe 2002
www.fgb.de
ISBN: 3-451-27793-X

Inhaltsverzeichnis

Inhalt

5

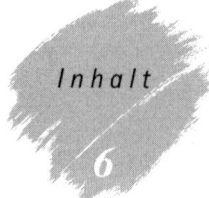

Inhalt

6

Inhalt

7

Vorwort

Im Rahmen eines Projektes befragten wir Bewohnerinnen und Bewohner eines Seniorenheimes nach ihren Erinnerungen an alte Kinderspiele. Die Reaktionen waren erstaunlich! Die Seniorinnen und Senioren waren äußerst interessiert und schilderten uns lebhaft die unterschiedlichsten Spiele. Viele Erinnerungen wurden wach und gemeinsam wurden, mit großem Engagement und viel Spaß, fast vergessene Spiele wieder „hervorgekramt".
Bei dieser Aktion wurde eine stattliche Anzahl von Spielen gesammelt, die wir dann in einer Kindertagesstätte und in einer Grundschule ausprobiert haben.
Wir waren sehr gespannt, ob die „Spiele aus Großmutters Zeit" heute noch Anklang finden würden.
Es zeigte sich, dass die Kinder sehr viel Spaß hatten und außerdem zeigte sich, wie einfach es ist, die Spiele einzusetzen.
Die vielen positiven Reaktionen haben uns dazu bewogen „Die schönsten Spiele aus Großmutters Zeit" als Buch herauszubringen. Sie finden eine große Auswahl abwechslungsreicher Kinderspiele - bekanntere und unbekanntere, die von Generation zu Generation weitergegeben wurden.

Unser Anliegen ist es, diese Spiele nicht in Vergessenheit geraten zu lassen, denn ihre Bedeutung geht weit über ihren Nostalgie- und Erinnerungswert hinaus. Vor dem Hintergrund unseres heilpädagogischen Tätigkeitsfeldes haben wir uns intensiv mit der Bedeutung dieser alten Kinderspiele - für Kinder früher und für Kinder heute - auseinandergesetzt. Unsere Auswahl haben wir speziell für den Kindergarten zusammengestellt, sie berücksichtigt die Defizite heutiger Kinder und greift die Förderaspekte auf, die die alten Spiele zu bieten haben. Stärkung der sozialen Kompetenzen, Verbesserung der auditiven, visuellen oder taktilen Wahrnehmung – dies sind nur einige Beispiele von Förderaspekten, die den Spielen zugesprochen werden können.

Wir wollen auf das ursprüngliche Bedürfnis von Kindern hinweisen, sich die Welt durch Spielen zu erschließen, dazu soll diese Spielesammlung einen Beitrag leisten.

Im ersten Teil gehen wir auf die entwicklungsfördernden Aspekte des Spiels im Allgemeinen ein. Im zweiten Teil folgen die Spielanleitungen, denen diese entwicklungsfördernden Aspekte zugeordnet sind. Zur besseren Orientierung sind die Spiele in Gruppen eingeordnet. Am Ende des Buches finden Sie ein alphabetisches Register.

Bedanken möchten wir uns bei den Bewohnerinnen und Bewohnern der Senioren Residenz Waldburg in Barmstedt für ihre Unterstützung und Offenheit und bei den Kindern für ihre Begeisterung, mit der sie diese alten Kinderspiele wieder aufleben ließen.

Allen Kindern, Eltern, Großeltern, Pädagoginnen und Pädagogen und anderen interessierten Mitspielerinnen und Mitspielern wünschen wir viel Spaß beim Ausprobieren, Variieren und Spielen. Bleibt zu hoffen, dass alle diese Spiele an möglichst viele Kinder weitergegeben werden!

Neumünster, Sommer 2001
Franka Jahn, Regine Kulick, Brunhild Lübbert,
Sabine Skrandies-Delissen, Lutz Steinkrauß

Vorwort

9

1. Die entwicklungsfördernden Aspekte des Spiels

Die große Bedeutung des Spiels für die Entwicklung von Kindern ist unbestritten. Spielen ist Entwicklungs- und Lernprogramm für Kinder, es dient der Auseinandersetzung mit der eigenen Umwelt. Wichtig ist dabei, dass das Kind sein Spiel selbst steuern kann. Aufgabe der Erwachsenen ist es, die nötigen Freiräume zu schaffen. Spiel, das bedeutet für Kinder:

- Zweckfreiheit
- Spannung und Abenteuer
- Eigendynamik
- Spaß und Lebensfreude
- Freiheit
- Gegenwärtigkeit
- Arbeit
- Verbindung zur „Welt"

Aussprüche wie: „Spiel mal etwas Richtiges", „Du hast ja nur gespielt", „Das ist alles Spielkram" oder „Du sollst lernen statt zu spielen" zeigen, dass das Spiel oft nicht die Aufmerksamkeit erhält, die es verdient. Hinzu kommt der Trend, die Zeit der Kinder immer mehr zu verplanen. Gegen Musikunterricht, Turnen, Töpfern usw. ist an sich nichts einzuwenden. Wichtig ist aber, dass dem Kind genügend Zeit zum freien Spiel bleibt, Zeit über die es selbst bestimmen kann, die es für sich hat.
In einem Schutzraum von selbstbestimmter Zeit, selbstbestimmter Realität, von Geschlossenheit und selbstbestimmtem Ziel kann sich das Kind im Spiel entwickeln. Dabei sucht es sich die Schwierigkeitsstufe, die seiner Entwicklung entspricht. Bewegungen und Tätigkeitenwerden immer wieder wiederholt und solange eingeübt bis sie verinnerlicht sind. Das Spiel nimmt Einfluss auf die Wahrnehmung des Kindes. Es lernt zunächst sich selbst und

dann sich selbst im Zusammenhang mit seiner Umwelt kennen, z.B. im Umgang mit verschiedenen Materialien. Zudem erfährt es sich im sozialen Gefüge. Es erkennt die Notwendigkeit von Regeln im Umgang mit Anderen, es lernt diese einzuhalten und zu verändern. So kann es in seinem Sozialverhalten wachsen, es erwirbt Kompetenzen, die für sein Leben in unserer Gesellschaft maßgebend sind.

Im Folgenden werden die entwicklungsfördernden Aspekte des Spiels kurz erläutert. Hierbei wird auf die unterschiedlichen Wahrnehmungsbereiche und die zu erlangenden Kompetenzen eingegangen.

1.1 Die Wahrnehmung

Wahrnehmung bedeutet die Aufnahme und Verarbeitung von Reizen aus dem eigenen Körper und der Umwelt. Hierzu werden die Sinnesorgane Ohr (mit Gleichgewichtsorgan), Haut, Nase, Zunge und Auge benötigt. Sieben Wahrnehmungsbereiche bilden die Grundlage für die Entwicklung des Menschen, dabei unterscheiden wir zwischen den Nahsinnen und den Fernsinnen. Die Nahsinne geben Informationen über den eigenen Körper. Hierzu gehören die drei folgenden Grundwahrnehmungsbereiche:

• **Taktile Wahrnehmung** (Tast- und Berührungswahrnehmung)
Taktile Wahrnehmung bedeutet die Wahrnehmung über die Haut. Sie ermöglicht es dem Kind, ein genaues Bild über die Ausdehnung und Grenzen des eigenen Körpers zu entwickeln. Das Kind kann Dinge unterscheiden, weil es durch „Erspüren" Informationen erhält über Oberflächenbeschaffenheit, Konsistenz, Proportionen, Maße und Formen von Material und Gegenständen.
Weitere Bereiche der taktilen Wahrnehmung sind das Schmerz- sowie das Temperaturempfinden.

- **Propriozeptive oder Kinästhetische Wahrnehmung** (Tiefen-, Lage-, und Bewegungswahrnehmung)
Unter propriozeptiver Wahrnehmung versteht man die Tiefenwahrnehmung sowie das Lage- und Bewegungsempfinden für Muskeln, Sehnen und Gelenke. Es ist für das Kind sehr wichtig, die Stellung der einzelnen Körperglieder zueinander wahrzunehmen bzw. die Richtung und Geschwindigkeit der Bewegungen und den Krafteinsatz zu dosieren.

- **Vestibuläre Wahrnehmung** (Gleichgewichtswahrnehmung)
Die vestibuläre Wahrnehmung ist für die Aufrechthaltung des Körpers und für die Orientierung im Raum verantwortlich. Sie ermöglicht es dem Kind, das Gleichgewicht beim Gehen, Laufen oder Springen zu erhalten.

Über die Fernsinne bekommt das Kind zusätzliche Informationen über seine Umwelt.

- **Visuelle Wahrnehmung** (Sehsinn)
Die visuelle Wahrnehmung ist die Fähigkeit, optische Reize aufzunehmen, zu unterscheiden, einzuordnen und zu interpretieren. Man unterscheidet verschiedene Bereiche der visuellen Wahrnehmung, zum Beispiel das Erkennen der Lage im Raum, d.h. die Fähigkeit, die Raum-Lage-Beziehung eines Gegenstandes zum Wahrnehmenden zu erkennen. Oder das visuelle Reihenfolgegedächtnis, d.h. die Fähigkeit, die Reihenfolge visueller Reize zu behalten und wiederzugeben.

- **Auditive Wahrnehmung** (Hörsinn)
Die auditive Wahrnehmung ist die Aufnahme von akustischen Reizen und deren Verarbeitung in Form von Speicherung, Auswahl, Differenzierung, Analyse und Synthese. Sie ist eine grundlegende Voraussetzung für den Spracherwerb und für die gesamte Sprachentwicklung. Auch in der auditiven Wahrnehmung unterscheidet man verschiedene Bereiche.
Diese sind zum Beispiel die Lokalisierung, d.h. die Fähigkeit, sich

einer Schallquelle im Raum zuzuwenden, oder die Lautdiskriminie-
rung, d.h. die Fähigkeit, wichtige von unwichtigen Sprachlauten zu
trennen. Aus dem Zusammenspiel aller Wahrnehmungsbereiche
entwickelt sich beim Kind die Körperorientierung.
Durch das Wissen über jeden Teil seines Körpers, die Beziehung
zwischen den Körperteilen und den Bewegungsmöglichkeiten,
die jeder einzelne Körperabschnitt hat, entwickelt das Kind eine
„Innere Landkarte".
Das Körperschema beinhaltet also die Wahrnehmung und Empfin-
dung des eigenen Körpers, die Vorstellung vom eigenen Körper,
das Wissen um den eigenen Körper sowie die Orientierung am
eigenen Körper.

Weitere Kompetenzen, die sehr stark vom funktionierenden
Zusammenspiel der unterschiedlichen Wahrnehmungsbereiche
abhängig sind:

• **Praxie** (Bewegungsplanung)
Praxie ist die Fähigkeit, sich gedanklich ein Ziel zu setzen, die
notwendigen Handlungsschritte in ihrer Abfolge zu planen und
die Handlungsausführungen mit dem Plan zu vergleichen.
Das Kind kann seine Bewegungen nur dann planen, wenn es in
der Lage ist, sich über die aktuellen Gegebenheiten seiner Umge-
bung und über seine eigene körperlich-motorische Kompetenz
zu orientieren.

• **Lateralität** (Seitigkeit)
Lateralität bedeutet den bevorzugten Gebrauch einer Körperseite.
Dies beinhaltet bessere Leistungen, größere Geschicklichkeit oder
mehr Kraft dieser Körperseite.
Die Entwicklung der Lateralität ist für die Entwicklung der Körperorientierung des Kindes, für seine Raumwahrnehmung und das Erkennen räumlicher Beziehungen von großer Bedeutung.
Lateralität kann als Ausdruck der unterschiedlichen Spezialisierung
beider Gehirnhälften betrachtet werden.

• **Sprache**

Sprache stellt in unserer Gesellschaft das wichtigste Medium zur Kommunikation dar. So ist es verständlich, dass der Sprache in der Pädagogik eine besonders große Bedeutung zugemessen wird.

Mit der Wahrnehmung entwickelt sich auch die Sprache beim Kind, von den ersten Lauten des Säuglings bis hin zum kognitiven Gebrauch.

Im Praxisteil sind viele Spiele, die zum Sprechen motivieren, aufgeführt. So bekommen Kinder die Möglichkeit, spielerisch ihren Wortschatz zu erweitern sowie Grammatik, Rhythmus und Melodie von Worten und Sätzen zu erfassen.

1.2 Die Handlungskompetenz

Durch die Entwicklung in den oben genannten Bereichen, ist es einem Kind möglich, folgende Handlungskompetenzen zu erlangen:

• **Ich – Kompetenz** (die Fähigkeit, den eigenen Körper physisch und psychisch wahrzunehmen und mit ihm, der jeweiligen Situation entsprechend, angemessen umgehen zu können.)

• **Sachkompetenz** (die Fähigkeit, die Umwelt wahrzunehmen, sich an Umweltgegebenheiten anzupassen und mit der Umwelt umgehen zu können. Dies beinhaltet auch, die Möglichkeiten und Grenzen des eigenen Körpers zu erfahren.)

• **Sozialkompetenz** (die Fähigkeit, andere wahrzunehmen, sinnvoll mit ihnen umzugehen, sich an sie anzupassen und beeinflussen zu können.)

Zum Abschluß möchten wir noch einmal betonen, dass der Spaß am Spiel das allerwichtigste ist. Kinder, die ausgelassen und fröhlich spielen, werden ganz nebenbei gefördert ohne überfordert zu werden. Sorgen wir also dafür, dass Kinder die nötigen Freiräume zum Spielen haben.

Abzählreime

Bei den Abzählreimen steht die soziale Komponente im Vordergrund. Eingebunden in ein Spiel, kann eine kindgerechte Aufteilung aller Mitspielerinnen und Mitspieler in die einzelnen Spielgruppen vorgenommen werden, ohne dass Frustration entsteht. Es ist eine Integration aller möglich, wobei die Kinder auf langsame, spielerische Art dahin kommen, sich auf den anderen einzulassen.

Gefördert werden insbesondere

Auditive Wahrnehmung

Sprachentwicklung

Sozialkompetenz

15

Verlauf:
Bei den Abzählversen wird mit dem Finger bei jeder Silbe reihum auf das nächste Kind gedeutet. Ausgewählt ist das Kind, auf das bei der letzten Silbe gedeutet wird.
Es kann aber auch so lange abgezählt werden, bis nur noch ein Kind übrig ist.

Mitspieler/innen:	3 und mehr
Alter:	ab 4 Jahren
Zeit:	mindestens 5 Minuten
Material:	keines
Ort:	überall

Auf einem Gummi-Gummi-Berg

Vers

Auf einem Gummi-Gummi-Berg
da saß ein Gummi-Gummi-Zwerg.
Er aß ein Gummi-Gummi-Brot
und war dann gummi-gummi- tot.

Eine kleine Dickmadam

Vers

Eine kleine Dickmadam
Fuhr mal mit der Eisenbahn.
Eisenbahn die krachte,
Dickmadam, die lachte
lachte, bis der Schutzmann kam
und sie mit zur Wache nahm.
Auf der Wache war sie frech,
batsch – da hat sie eine wech.

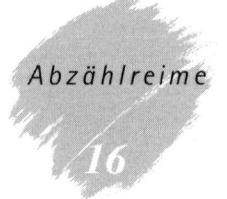

Ele mele muh

Vers

Ele, mele, muh
Raus bist du.
Raus bist du noch lange nicht,
musst erst sagen wie alt du bist!

Der bzw. die Ausgewählte sagt sein Alter, dann wird bis
7 abgezählt:
Eins, zwei, drei, vier, fünf, sechs, sieben –
Der siebte ist raus!

Ene mene dubladene

Vers
Ene mene dubladene
Dubladene daria
Aka-maka zensia
Pia pia puff.

Ene, mene, subtrahene,
divi, davi, domino,
Eck, Speck, Dreck
und du bist weg.

Ene, mene, Tintenfass,
geh in die Schul und lerne was!
Wenn du was gelernt hast,
komm zu mir und sag mir das.

Ene mene miste

Vers
Ene, mene, miste,
es rappelt in der Kiste.
Ene, mene, meck,
und du bist weg.

Ich und du

Vers
Ich und du,
Müllers Kuh,
Müllers Esel,
der bist du.

Ilse Bilse

Vers
Ilse Bilse,
keiner will se,
kam der Koch
und nahm se doch.

Eins, zwei, drei...

Vers
Eins, zwei, drei, vier, fünf, sechs, sieben,
eine alte Frau kocht Rüben,
eine alte Frau kocht Speck –
und du bist weg.

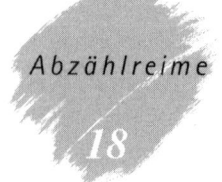

Bei den folgenden beiden Abzählreimen werden zusätzliche Bereiche gefördert:

Gleichgewichtswahrnehmung

Tiefen-, Lage- und Bewegungswahrnehmung

Bewegungsplanung

Körperorientierung

Seitigkeit

Piss – Pott

Mitspieler/innen:	2 und mehr
Alter:	ab 6 Jahren
Zeit:	mindestens 5 Minuten
Material:	keines
Ort:	überall

Verlauf:
Zwei Kinder stehen sich im Abstand von ungefähr zwei Metern gegenüber. Das erste Kind sagt: „Piss", während es seinen rechten Fuß vor den linken stellt. Das zweite Kind ruft: „Pott!" und verfährt ebenso. Dies wird so lange fortgesetzt, bis ein Kind seinen Fuß nicht mehr zwischen seinen und den des anderen stellen kann. Das Kind, das zuletzt seinen Fuß „untergebracht" hat, darf zuerst einen Spielkameraden für seine Gruppe auswählen.
Für „Piss - Pott" können natürlich auch andere Wortpaare gesucht werden, wie z.B.

„Tip – Top", „auf – zu", „Katz – Maus".

Stockgreifen

Mitspieler/innen:	2 und mehr
Alter:	ab 6 Jahren
Zeit:	mindestens 5 Minuten
Material:	keines
Ort:	überall

Es wird folgendermaßen mit den Händen ausgezählt:
Der Stock wird senkrecht in die Luft gehalten. Ein Kind beginnt,
indem es den Stock am unteren Ende anfasst. Es sagt: „Hipp", das
andere Kind sagt: „Hopp" und schließt sich mit seiner Hand an. So
geht es immer weiter, bis das obere Ende des Stockes erreicht ist.
Das Kind, das den Stock zuletzt mit seiner Hand umfassen kann,
darf beginnen und das erste Kind für seine Gruppe aussuchen.
Es können auch andere Begriffe anstelle von „hipp – hopp"
gewählt werden, z.B. „klipp – klapp". Den Kindern fallen bestimmt
jede Menge passende Begriffspaare ein.

Lauf- und Fangspiele

Lauf- und Fangspiele bieten sich stets wiederholende Bewegungsabläufe, die Kinder dazu befähigen, zu reagieren, den Einsatz von
Kraft und Geschwindigkeit bewusst zu dosieren und ihren Körper zu
steuern. Bewegungen werden automatisiert und können von den
Kindern in anderen Situationen ebenfalls angewendet werden.

Bei Lauf- und Fangspielen kommt außerdem der sozialen Komponente eine große Bedeutung zu: die Kinder müssen sich auf die
Fertigkeiten ihrer Partnerinnen und Partner einstellen.

Gefördert werden insbesondere

Auditive Wahrnehmung

Tiefen-, Lage- und Bewegungswahrnehmung

Gleichgewichtswahrnehmung

Visuelle Wahrnehmung

Bewegungsplanung

Ich-Kompetenz

Sozialkompetenz

Komm mit – Lauf weg

Mitspieler/innen:	7 und mehr
Alter:	ab 5 Jahren
Zeit:	mindestens 10 Minuten
Material:	keines
Ort:	überall

Verlauf:

Alle Kinder stellen sich in einen Kreis. Ein Kind läuft um den Kreis herum, tippt jemandem auf den Rücken und ruft „Komm mit!". Beide laufen jetzt so schnell sie können um den Kreis herum, um die frei gewordene Lücke möglichst zuerst zu besetzen. Wer übrig bleibt, setzt die Runde fort.

Variante:

Anstatt „Komm mit" kann auch „Lauf weg" gerufen werden. Dann laufen die beiden Kinder in entgegengesetzter Richtung um den Kreis herum, um die Lücke zu erreichen.

Der Plumpsack geht rum

Mitspieler/innen:	7 und mehr
Alter:	ab 4 Jahren
Zeit:	mindestens 10 Minuten
Material:	ein Plumpsack, d.h. ein geknotetes Taschentuch oder ein Stoffball
Ort:	überall

Verlauf:

Die Kinder sitzen oder stehen im Kreis und schauen zur Mitte. Ein Kind steht außerhalb des Kreises mit dem „Plumpsack". Die Kinder singen das Lied vom Plumpsack:

„Der Plumpsack geht rum,
wer sich umdreht oder lacht,
kriegt den Buckel vollgemacht.
Dreht Euch nicht um
denn der Plumpsack geht rum."

Das Kind mit dem „Plumpsack" in der Hand geht um den Kreis
herum. Plötzlich lässt es den Plumpsack hinter einem Kind fallen
und rennt so schnell wie möglich los, um den Kreis herum. Das
Kind, hinter dem der Plumpsack liegt, hebt diesen auf und läuft
ebenfalls los. Wer erreicht zuerst den freien Platz? Das Kind, das
verliert, läuft mit dem Plumpsack um den Kreis herum, das Spiel
beginnt von vorne.

Variante:
Ältere Kinder mögen gerne die folgende Variante. Hat das Kind
nicht bemerkt, dass der Plumpsack hinter ihm gelandet ist, rufen
alle Kinder: „Eins, zwei, drei ins faule Ei".
Das betroffene Kind setzt sich in die Mitte wartet so lange, bis
einem anderen Kind das Gleiche passiert und es ablöst.

Katz und Maus

Mitspieler/innen:	7 und mehr
Alter:	ab 4 Jahren
Zeit:	mindestens 10 Minuten
Material:	keines
Ort:	überall

Für dieses Spiel werden zwei Kinder aus der Gruppe ausgewählt, die die Rolle der Katze bzw. der Maus spielen. Am Anfang befindet sich die Maus innerhalb des Kreises, den die anderen Kinder durch Anfassen an den Händen bilden. Die Katze steht außerhalb des Kreises. Sie ruft: „Mäuslein, Mäuslein komm heraus!" Die Maus antwortet: „Nein ich komme nicht heraus!" „Dann fang ich dich in deinem Haus!" ruft nun die Katze und versucht, in den Kreis einzudringen und die Maus zu fangen. Die Kinder, die den Kreis bilden, erschweren das, indem sie zusammenrücken oder die Hände senken. Die Maus jedoch hat überall freien Durchgang. Die Kinder im Kreis müssen aufpassen, dass sie nicht auch die Katze durchlassen oder der Maus den Weg versperren. Schafft es die Katze, die Maus zu fangen, darf sie zwei Kinder aussuchen, die im nächsten Spiel Katze und Maus sein dürfen.

Variante:
Die Katze ruft:
„Maus, Maus bist Du zu Haus?"
Die Maus antwortet:
„Ja, ich bin zu Haus!"
Katze:
„Wann kommst Du raus?"
Maus denkt sich eine Uhrzeit aus,
z.B. „um sieben Uhr".

Die Kinder zählen nun bis sieben, indem sie siebenmal die Arme hin- und her schwenken. Bei sieben muss die Maus das Haus verlassen. Sie sucht sich dafür einen Ausgang, der möglichst weit von der Katze entfernt ist. Die Maus darf durch die Türen des Hauses, der Katze soll das verwehrt werden. Ist die Maus gefangen, werden andere Kinder als Katze und Maus bestimmt.

Mutter, Mutter darf ich reisen?

Mitspieler/innen:	7 und mehr
Alter:	ab 5 Jahren
Zeit:	mindestens 10 Minuten
Material:	keines
Ort:	Turnhalle, Bewegungsraum, Wiese

Verlauf:
Auf einem großen Feld werden im Abstand von mindestens 15 Metern zwei Linien gezogen.
Ein Kind ist die Mutter. Es stellt sich an eine der beiden Linien. Die anderen Kinder stellen sich nebeneinander auf die andere Seite. Ein Kind fragt: „Mutter, Mutter darf ich reisen?" Die Mutter antwortet nach Belieben mit ja oder nein. Bei „nein" stellt der nächste Spieler die gleiche Frage. Antwortet die Mutter mit „ja", so fragt das Kind „wohin". Die Mutter denkt sich ein Reiseziel aus. Entsprechend der Silbenanzahl des ausgesuchten Ortes, darf das Kind der Mutter entgegen kommen. Bei „Rom" darf also nur ein Schritt gemacht werden, bei „Westerland" sind es drei. Wer zuerst bei der Mutter angekommen ist, hat gewonnen.

Eine Tasse Tee

Mitspieler/innen:	7 und mehr
Alter:	ab 5 Jahren
Zeit:	mindestens 10 Minuten
Material:	keines
Ort:	Turnhalle, Bewegungsraum, Wiese

Verlauf:

Auf einem Feld werden zwei Linien markiert, die etwa 15 Meter auseinander liegen. Ein Kind – der Fischer oder die Fischerin – stellt sich auf die eine Linie, die anderen Kinder stellen sich auf die andere Linie.

Das Kind, das alleine steht, dreht sich mit dem Rücken zu den anderen und ruft: „Een Tass Tee, Schokolad un Kaffee" (Eine Tasse Tee, Schokolade und Kaffee). Es kann aber auch „Umgedrehter Heringsschwanz" rufen.

Während das Kind ruft, dürfen alle Kinder in seine Richtung rennen. Sobald es seinen Satz gerufen hat, dreht es sich schnell zu den anderen um. Jetzt müssen alle sofort stillstehen. Wer sich noch bewegt, muss zurück zum Start, wer zuerst das rufende Kind erreicht hat, hat gewonnen.

Fischer, Fischer wie tief ist das Wasser?

Mitspieler/innen:	7 und mehr
Alter:	ab 5 Jahren
Zeit:	mindestens 10 Minuten
Material:	keines
Ort:	Turnhalle, Bewegungsraum, Wiese

Verlauf:

Auf einem Feld werden zwei Linien markiert, die etwa 15 Meter auseinander liegen. Ein Kind – der Fischer oder die Fischerin – stellt sich auf die eine Linie, die anderen Kinder stellen sich auf die andere Linie.

Jetzt rufen die Kinder: „Fischer, Fischer, wie tief ist das Wasser?" Der Fischer denkt sich einen Wert aus, z.B. „hundert Meter". Die Kinder fragen: „Wie kommen wir rüber?" Der Fischer denkt sich eine Bewegungsart aus und antwortet z.B.: „Auf dem rechten Bein hüpfen." (oder „rückwärts gehen", „krabbeln", „mit beiden Beinen hüpfen" usw.). Nun bewegen sich alle in der vom Fischer genannten Bewegungsart auf die andere Seite. Der Fischer kommt ihnen auf dieselbe Weise entgegen und versucht dabei, sie zu fangen. Die gefangenen Kinder helfen ihm in der nächsten Runde. Gespielt wird so lange, bis nur noch ein Kind übrig ist. Es darf der nächste Fischer sein und das Spiel kann von vorne beginnen.

Wer hat Angst vorm „Schwarzen Mann"?

Mitspieler/innen:	7 und mehr
Alter:	ab 5 Jahren
Zeit:	mindestens 10 Minuten
Material:	keines
Ort:	Turnhalle, Bewegungsraum, Wiese

Hinweis zur Geschichte dieses Spieles
„Wer hat Angst vorm „Schwarzen Mann"?" hat seinen Ursprung im Mittelalter und ist aus den damals üblichen Pest- und Totentänzen entstanden. Der „Schwarze Mann" symbolisiert den Tod, der immer mehr „Gefährten" um sich schart.

Verlauf:
Auf einem großen Feld werden im Abstand von mindestens 15 Metern zwei Linien gezogen. An der einen Linie steht der „Schwarze Mann", auf der anderen Seite stehen die übrigen Kinder. Der „Schwarze Mann" ruft: „Wer hat Angst vorm schwarzen Mann?" Die Kinder antworten: „Niemand!" – „Und wenn er kommt?", „Dann laufen wir davon!" Das ist das Signal um loszulaufen. Die Kinder und der „Schwarze Mann" versuchen die Seiten zu wechseln. Dabei fängt der „Schwarze Mann" so viele Kinder wie möglich, indem er sie antippt. Ist der Seitenwechsel beendet, kann die nächste Runde beginnen. Der „Schwarze Mann" und seine Helfer – das sind alle Kinder, die er in der Vorrunde erwischt hat – beginnen wieder mit der Frage: „Wer hat Angst...". So geht es weiter, bis nur noch ein Kind übrig bleibt, das dann der neue „Schwarze Mann" ist.

Feuer, Wasser, Luft

Mitspieler/innen: 6 und mehr
Alter: ab 3 Jahren
Zeit: mindestens 10 Minuten
Material: Matten, Bänke, Reifen oder ähnliches
Ort: Turnhalle, Bewegungsraum, Wiese

Verlauf:
Zunächst wird der Raum vorbereitet. Für „das Wasser" werden Hochebenen gebaut, z.B. Matten, Bänke oder Kästen, für „das Feuer" braucht man ein Feuermal, z.B. ein markierter Kreis oder eine Tür, die restliche freie Fläche am Boden stellt „die Luft" dar. Zu Beginn verteilen sich die Kinder im Raum. Die Spielleiterin ruft abwechselnd die drei Elemente auf. Die Kindern versuchen, möglichst schnell die aufgerufenen Stationen zu erreichen. Sie steigen auf die Matten, löschen mit einem zischenden Geräusch und einem imaginären Schlauch das Feuer oder retten sich vor dem Sturm, indem sie sich flach auf den Boden legen.

Bäumchen wechsel dich

Mitspieler/innen: 6 und mehr
Alter: ab 3 Jahren
Zeit: mindestens 10 Minuten
Material: Bäume oder ähnliches
Ort: Turnhalle, Bewegungsraum, Wiese

Verlauf:
Alle Kinder bis auf eines stellen sich an einen Baum. Das einzelne Kind steht in der Mitte und ruft: „Bäumchen, Bäumchen, wechsel dich!". Nun müssen sich alle Kinder einen neuen Baum suchen. Das Kind aus der Mitte versucht ebenfalls, einen Baum zu erwischen. Ein anderes Kind bleibt übrig und darf die Kinder zum „Bäume wechseln" auffordern. Stehen keine Bäume zur Verfügung, können Reifen, Seile, Teppichfliesen o.ä. zum Einsatz kommen.

Blinde Kuh

Mitspieler/innen:	6 und mehr
Alter:	ab 5 Jahren
Zeit:	mindestens 10 Minuten
Material:	ein Tuch zum Verbinden der Augen
Ort:	Turnhalle, Bewegungsraum, Wiese

Verlauf:
Durch Abzählen wird ein Kind zur „Blinden Kuh" bestimmt. Ihm
werden die Augen verbunden und anschließend wird es ein- bis
zweimal um die eigene Achse gedreht, so dass es die Orientierung
verliert. Die anderen Kinder necken die „Blinde Kuh" und tippen
sie an, ohne ihr dabei weh zu tun. Die „Blinde Kuh" hat nun die
Aufgabe, ein Kind zu fassen zu kriegen, das dann die nächste
„Blinde Kuh" spielen darf.

Hinweis:
Manche Kinder, besonders die Kleineren, mögen es nicht, sich mit
verbundenen Augen zu bewegen. Dies sollte selbstverständlich re-
spektiert werden.

Storch und Frösche

Mitspieler/innen: 10 und mehr
Alter: ab 5 Jahren
Zeit: mindestens 10 Minuten
Material: keines
Ort: Turnhalle, Bewegungsraum, Wiese

Verlauf:
Es gibt einen Storch und viele Frösche. Der Storch ist in der Mitte, er hüpft auf einem Bein. Die Frösche hüpfen um den Storch herum. Dieser versucht - weiterhin auf einem Bein hüpfend - einen Frosch zu fangen. Gelingt es ihm, so ist der Gefangene der neue Storch, er selbst wird zum Frosch.

Räuber und Gendarm

Mitspieler/innen: 6 und mehr
Alter: ab 5 Jahren
Zeit: mindestens 10 Minuten
Material: keines
Ort: überall, wo man sich verstecken kann

Verlauf:
Bei diesem Spiel jagen die Gendarmen die Räuber, die sich gut versteckt haben. Die Gendarmen müssen die Räuber finden, packen und ins Gefängnis abführen. Dabei wehren sich die Räuber natürlich, um sich aus der misslichen Lage zu befreien. Sind sie jedoch erst mal im Gefängnis angekommen, ist es zu spät – aus dem Gefängnis darf nämlich kein Räuber mehr entfliehen. Das Spiel ist beendet, wenn sich alle Räuber hinter Gittern befinden.

Verstecken

Mitspieler/innen:	4 und mehr
Alter:	ab 5 Jahren
Zeit:	mindestens 10 Minuten
Material:	keines
Ort:	überall, wo man sich verstecken kann

Verlauf:

Alle Kinder bilden einen Kreis. Mit Hilfe eines Abzählreimes
wählen sie ein Kind aus, das die anderen suchen muss. Der „Sucher" stellt sich mit dem Gesicht zur Wand und schließt die Augen.
Während er laut und langsam bis zu einer vorher bestimmten Zahl
zählt, verstecken sich die anderen Kinder. Dem Zählen folgt ein
Vers:

„Eins, zwei, drei, vier Eckstein,
alles muss versteckt sein,
hinter mir und vor mir
gibt es nicht - ich komme!"

Jetzt geht die Suche los! Sobald der „Sucher" ein Kind entdeckt
hat, laufen beide so schnell wie möglich zur Wand zurück. Schlägt
das entdeckte Kind dort zuerst an, so ist es wieder frei und kann
sich erneut verstecken. Kommt aber der „Sucher" zuerst an der
Wand an, so berührt er sie und ruft: „Ein Schlag für... (Name des
entsprechenden Kindes)."
Ein Kind, das es schafft sich zu befreien, befreit damit auch alle
anderen bereits gefundenen Kinder. Es ist also besonders wichtig,
das letzte versteckte Kind zu erwischen. Das ist dann auch der
nächste „Sucher".

Hochtick

Mitspieler/innen:	4 und mehr
Alter:	ab 5 Jahren
Zeit:	mindestens 10 Minuten
Material:	keines
Ort:	überall

Verlauf:

Ein Kind „tickt", d.h. es fängt die anderen Kinder, die auf ein Startzeichen hin alle loslaufen und zwar innerhalb eines vorher
abgesteckten Feldes. Alle Kinder können sich kurzfristig auf einen
höheren Platz retten. Hier dürfen sie nicht „getickt" werden. Alle
Kinder, die „getickt" wurden, scheiden aus.

Englisch – Tick

Mitspieler/innen:	4 und mehr
Alter:	ab 5 Jahren
Zeit:	mindestens 10 Minuten
Material:	keines
Ort:	Turnhalle, Bewegungsraum, Wiese

*Lauf- und
Fangspiele*

33

Verlauf:

Ein Kind ist der "Ticker", d.h. der Fänger, der die anderen Kinder
"ticken" muss. Hat er ein anderes Kind "getickt", so muss dieses
sich genau an dieser Stelle, an der es "getickt" wurde, festhalten
und in dieser Körperhaltung ein anderes Kind "ticken". Dieses ist
dann der nächste "Ticker".

Schlangenschwanztanz

Mitspieler/innen:	6 und mehr
Alter:	ab 5 Jahren
Zeit:	mindestens 10 Minuten
Material:	keines
Ort:	überall

Verlauf:

Alle Kinder stehen hintereinander und legen dem Kind, das vor ihnen steht, die Hände auf die Schultern oder um die Taille. Die so entstandene Schlange will sich in den Schwanz beißen: Das erste Kind ist der Schlangenkopf und versucht das letzte Kind zu erwischen. Die anderen Kinder helfen dem Schlangenschwanz und versuchen gemeinsam, dem ersten Kind auszuweichen. So entsteht ein Schlangentanz. Gelingt es dem ersten Kind, das letzte Kind zu schnappen, wird die Schlange neu gebildet.

Schattenfänger

Mitspieler/innen: zwei und mehr
Alter: ab 5 Jahren
Zeit: mindestens 10 Minuten
Material: keines
Ort: im Freien bei Sonnenschein

Verlauf:
Die Kinder finden sich zu zweit zusammen und betrachten ihre
Schatten. Ein Kind läuft los, das andere versucht, auf den Schatten
des laufenden Kindes zu springen. Hat es den Schatten erwischt,
darf es weglaufen. Nun wird sein Schatten gefangen.

36

Hüpfspiele

Kinder empfinden einen großen Bewegungsdrang, deshalb lieben
sie Hüpfspiele! Dabei werden die Körperwahrnehmung, insbesondere der Gleichgewichtssinn und die Tiefensensibilität, spielend
geschult, so dass das Kind zu immer ausgefeilteren Bewe-
gungsabläufen fähig ist.

Gefördert werden insbesondere

Tiefen-, Lage- und Bewegungswahrnehmung

Gleichgewichtswahrnehmung

Visuelle Wahrnehmung

Bewegungsplanung

Ich-Kompetenz

Sachkompetenz

Sozialkompetenz

Himmel und Hölle

Mitspieler/innen:	2 und mehr
Alter:	ab 4 Jahren
Zeit:	mindestens 10 Minuten
Material:	ein Stück Kreide, ein Stein
Ort:	im Freien

Verlauf:

Das Spielfeld wird aufgemalt. Ein Kind beginnt und wirft einen Stein in das erste Feld. Felder, in denen ein Stein liegt, dürfen nicht betreten werden. Kästchen um Kästchen wird nun von unten (Erde) bis nach oben (Himmel) gehüpft. Das Kästchen mit dem Stein wird übersprungen.

Im Himmel angekommen ruht man sich erst mal aus, bevor zurück gehüpft wird.

Das Feld Hölle wird natürlich übersprungen, wer will schon in der Hölle landen? Die nebeneinander liegenden Kästchen werden im Grätschsprung übersprungen. Vor dem ersten Kästchen bleibt das Kind stehen und nimmt den Stein auf, bevor es aus dem Spielfeld hüpft. Jetzt wirft es den Stein in das zweite Kästchen und hüpft wieder in den Himmel und zurück. Das ganze geht so lange weiter, bis das Kind einen Fehler macht, also z.B. beim Werfen nicht das richtige Kästchen trifft oder beim Hüpfen auf die Linie tritt. Dann kommt ein anderes Kind an die Reihe. Vielleicht denken sich die Kinder auch weitere Hüpfvarianten aus, z.B. „Hüpfen mit geschlossenen Augen" oder „Hüpfen mit überkreuzten Beinen".

Bockspringen

Mitspieler/innen:	2 und mehr
Alter:	ab 5 Jahren
Zeit:	mindestens 5 Minuten
Material:	keines
Ort:	Turnhalle, Bewegungsraum, Wiese

Verlauf:
Die Kinder bilden zwei Gruppen. Jede Gruppe stellt sich an der
Startlinie auf und zwar in einer Reihe hintereinander. Das erste
Kind geht zehn Schritte vor, bückt sich und stützt seine Hände
auf die Knie. Das nächste Kind springt mit einem Bocksprung über
das erste Kind und hockt sich in ungefähr zehn Meter Entfernung
ebenso hin. Dies wird so lange fortgesetzt, bis alle am Ziel angekommen sind. Welche Gruppe schafft das zuerst?

Fritz, Fratz, Friederich

Mitspieler/innen:	2 und mehr
Alter:	ab 4 Jahren
Zeit:	mindestens 5 Minuten
Material:	keines
Ort:	überall

Verlauf:
Alle Kinder stellen sich im Raum auf, so dass sie ausreichend Platz
für den Hampelmann Sprung haben.

Dazu wird folgender Spruch gesagt:

Fritz, Fratz, Friederich,
warum bist du so liederlich?
Ich bin ja gar nicht liederlich.
Ich heiß nur Fritz, Fratz, Friederich.

Seilspringen mit dem langen Seil

Mitspieler/innen:	3 und mehr
Alter:	ab 4 Jahren
Zeit:	mindestens 10 Minuten
Material:	1 langes Seil (ca. 6m)
Ort:	im Freien

Verlauf:
Zwei Kinder nehmen die Enden eines langen, starken Seiles. Ein Kind stellt sich in die Mitte. Nun wird das Seil im Kreis geschwungen und das Kind springt in dem Moment, wo das Seil auf den Boden aufschlägt, darüber.
Hierzu können folgende Verse gesprochen oder gesungen werden:

Teddybär, Teddybär, dreh' dich um,
Teddybär, Teddybär, mach' dich krumm,
Teddybär, Teddybär, zeig' deinen Schuh,
Teddybär, Teddybär, wie alt bist du?

Teddybear, teddybear, turn around,
teddybear, teddybear, touch the ground,
teddybear, teddybear, show your shoe,
teddybear, teddybear, how old are you?

Verliebt – verlobt -
Verheiratet – geschieden –
Wie viele Kinder
Willst du kriegen?

Henriette, goldne Kette,
goldner Schuh,
wie alt bist du?

Variante: Seildurchlaufen

Dieses Spiel macht besonders viel Spaß, wenn möglichst viele Kinder mitmachen. Zwei Kinder fassen jeweils die Enden eines langen Sprungseils und lassen es kreisen, wobei sie immer schneller werden. Alle anderen Kinder laufen unter dem Seil hindurch. Dabei ist nicht vorgeschrieben, dass sie bei jeder Umdrehung unter dem Seil durchlaufen. Wer vom Seil getroffen wird, scheidet aus. Die beiden Kinder, die übrig geblieben sind, dürfen in der nächsten Runde das Seil schlagen.

Variante für Anfänger und kleinere Kinder

Das Seil wird pendelnd hin und her bewegt. Das Kind springt im rechten Moment darüber. Folgender Spruch kann helfen:

Schiffchen, Schiffchen auf dem Meer,
schaukelt hin und schaukelt her,
Schiffchen, Schiffchen seht mal her,
das ist wirklich gar nicht schwer!

Hinkepott

Mitspieler/innen:	2 und mehr
Alter:	ab 4 Jahren
Zeit:	mindestens 10 Minuten
Material:	ein Stück Kreide, ein Stein
Ort:	im Freien

Verlauf:

Das Spielfeld wird aufgemalt. Ein Kind beginnt und wirft einen Stein in das erste Feld. Es springt über dieses Feld und hüpft dann nacheinander auf einem Bein auf alle sieben Felder.
Im siebten Feld darf es sich ausruhen, das heißt es darf mit beiden Beinen im Feld stehen. Anschließend hüpft zurück, bleibt vor dem ersten Kästchen stehen und nimmt den Stein auf, bevor es aus dem Spielfeld hüpft. Es beginnt von vorne, indem es den Stein in das zweite Kästchen wirft und dieses überspringt. So geht das Spiel weiter, bis alle Felder durchlaufen sind. Wenn das Kind auf eine Linie tritt, hinfällt oder mit dem Stein nicht in das richtige Feld trifft, kommt das nächste Kind an die Reihe.

Schusterspiel

Mitspieler/innen:	3 und mehr
Alter:	ab 4 Jahren
Zeit:	10 Minuten
Material:	ein Stück Kreide
Ort:	im Freien

Verlauf:

Es wird eine Schnecke auf den Boden gezeichnet, an deren Eingang sich ein "Klingelknopf" befindet. Ein Kind spielt den Schuster, er sitzt in der Mitte der Schnecke. Ein anderes Kind ist der Kunde und "klingelt". Der Schuster läuft nun durch die Schnecke zum Ausgang und fragt: " Was kann ich für sie tun?" Der Kunde antwortet: "Ich brauche ein Paar neue Schuhe!" Nun gehen beide Kinder in die Mitte des Schneckenhauses. Hier zeichnet der Schuster mit einem Stock den Fußumriss des Kunden auf den Boden. Der Kunde fragt: "Wie viel muss ich bezahlen?" Der Schuster dreht sich um und sagt: "Drei Mark." In diesem Moment versucht der Kunde so schnell wie möglich zum Ausgang zu kommen, dabei darf er die Linien der "Schneckenfelder" nicht berühren. Sobald der Schuster die Flucht bemerkt, läuft er hinter dem Kunden her. Fängt er ihn vor dem Ausgang, so ist der Kunde bei der nächsten Spielrunde der Schuster, erwischt er ihn nicht, so bleibt er selbst der Schuster und ein anderes Kind kommt als Kunde ins Spiel.

Variante:

Die Schnecke kann mit anderen Bewegungsarten erobert werden, z.B. hinken, hüpfen, kriechen.

Ballspiele

Mit Bällen umzugehen ist gar nicht so einfach! Hierbei sind insbesondere Bewegungswahrnehmung und Bewegungsplanung wichtig. Die Kinder machen erste Erfahrungen, die die besonderen Eigenschaften von Bällen betreffen.

Gefördert werden insbesondere:

Tiefen-, Lage- und Bewegungswahrnehmung

Gleichgewichtswahrnehmung

Visuelle Wahrnehmung

Bewegungsplanung

Ich-Kompetenz

Sachkompetenz

Sozialkompetenz

Ballprobe

Mitspieler/innen:	1 und mehr
Alter:	ab 5 Jahren
Zeit:	mindestens 10 Minuten
Material:	Ball
Ort:	an einer Wand

Verlauf:

Die Kinder werfen nacheinander den Ball gegen eine Wand. Dabei wird folgende Reihenfolge eingehalten:

- 10x mit der rechten Hand werfen und mit beiden Händen auffangen
- 9x mit der linken Hand werfen und mit der rechten Hand auffangen
- 8x mit der rechten Hand werfen und mit der rechten Hand auffangen
- 7x mit der linken Hand werfen und mit mit der linken Hand auffangen
- 6x mit der rechten Hand unter dem rechten Bein durchwerfen und mit beiden Händen auffangen
- 5x mit der linken Hand unter dem Knie durchwerfen und mit beiden Händen auffangen
- mit der rechten Hand in die Höhe werfen, mit dem Handrücken 4x an die Wand schlagen und mit beiden Händen auffangen
- 3x das Gleiche mit links
- 2x den Ball mit beiden Händen an die Wand werfen, sich vor dem Auffangen einmal um sich selbst drehen
- 1x den Ball mit der rechten Hand gegen die Wand werfen, den Ball mit dem Kopf gegen die Wand prallen und mit beiden Händen auffangen.

Der Ablauf kann natürlich im Schwierigkeitsgrad variiert werden. Die Kinder haben dafür bestimmt unzählige Ideen.

Geschichtenball

Mitspieler/innen:	2 und mehr
Alter:	ab 6 Jahren
Zeit:	mindestens 10 Minuten
Material:	ein Ball
Ort:	an einer Wand

Verlauf:

Durch einen Abzählreim wird das Kind ermittelt, das beginnen darf. Indem es den Ball gegen die Wand wirft, fängt es an, eine Geschichte zu erzählen. Es beginnt mit: „Es war einmal…" Nach einem oder mehreren Sätzen (sollte vorher vereinbart werden) sagt es: „Und dann". Nun ist das nächste Kind an der Reihe, es fängt den Ball auf, der bei dem Wort „dann" an die Wand geworfen wurde und erzählt diese Geschichte weiter. So geht es, bis die Geschichte ein Ende gefunden hat.

Namenball

Mitspieler/innen: 4 und mehr
Alter: ab 6 Jahren
Zeit: mindestens 10 Minuten
Material: ein Ball
Ort: an einer Wand

Verlauf:
Alle Kinder stehen vor einer Wand. Ein Kind wirft den Ball gegen die Wand und ruft dabei den Vornamen eines anderen Kindes. Dieses Kind muss nun schnell versuchen, den Ball aufzufangen, während die anderen weglaufen. Sobald es den Ball gefangen hat, ruft es „Halt", und alle bleiben auf der Stelle stehen. Jetzt gilt es, das am nächsten stehende Kind mit dem Ball zu treffen. Wer dreimal getroffen wird, scheidet aus.

Eins, zwei, drei – wer hat den Ball?

Mitspieler/innen: 4 und mehr
Alter: ab 5 Jahren
Zeit: mindestens 10 Minuten
Material: ein Ball
Ort: Turnhalle, Bewegungsraum, Wiese

Verlauf:
Die Kinder bilden eine Reihe, ein Kind steht im Abstand von ungefähr zwei Metern mit dem Rücken davor. Ohne sich umzudrehen wirft es jetzt - über seinen Kopf - den anderen Kindern den Ball zu. Eines fängt den Ball, behält ihn oder gibt ihn in der Reihe weiter. Es ruft „Eins, zwei, drei, wer hat den Ball?". Alle Kinder nehmen ihre Hände auf den Rücken. Jetzt darf das Kind, das geworfen hat, sich umdrehen und erraten, wer den Ball hinter dem Rücken versteckt hat. Hat es richtig geraten, so darf es noch einmal werfen. Rät es nicht richtig, darf das Kind werfen, das den Ball hinter seinem Rücken versteckt hat.

Halli – Hallo

Mitspieler/innen:	6 und mehr
Alter:	ab 6 Jahren
Zeit:	mindestens 10 Minuten
Material:	ein Ball
Ort:	Turnhalle, Bewegungsraum, Wiese

Verlauf:

Die Kinder bilden eine Reihe. Ein Kind steht vor ihnen und wirft
einem Kind aus der Reihe den Ball zu. Dabei ruft es den Anfangs-
buchstaben eines Begriffes, den das Kind erraten soll, z.B. „Ein Tier
mit E." Das Kind wirft den Ball zurück und gibt dabei die Antwort:
„Elefant." Ist der Begriff richtig erraten, wirft das andere Kind
den Ball senkrecht in die Luft, ruft dabei „Halli–Hallo" und läuft
gleichzeitig weg. Das Kind, das richtig geraten hat, versucht den
Ball zu fangen. Gelingt dies, ruft es: „Halt". Das laufende Kind
bleibt stehen und bildet mit seinen Armen einen Kreis vor seinem
Körper. Das andere Kind darf nun so viele Schritte vorwärts gehen,
wie das geratene Wort Silben hat (E- le- fant = 3 Schritte). Nun
versucht es, den Ball in den „Armkreis" des Mitspielers bzw. der
Mitspielerin zu werfen. Klappt es, so darf es sich einen neuen
Begriff ausdenken und das Spiel beginnt von vorn.
Hat das Kind den richtigen Begriff nicht geraten, so versuchen es
alle Kinder der Reihe nach. Gelingt es keinem der Kinder, so wird
der zweiten Buchstabe des Begriffes bekannt gegeben. Gespielt
wird so lange, bis der Begriff erraten ist.
Sehr beliebt ist auch das Erraten von Vornamen.

Ballspiele

47

Tunnelball

Mitspieler/innen :   7 und mehr
Alter: ab 4 Jahren
Zeit: mindestens 10 Minuten
Material: ein Ball
Ort: überall

Verlauf:
Alle Kinder sitzen im Kreis auf dem Boden. Dabei haben sie die
Knie angezogen, so dass ein Tunnel entsteht. Durch diesen Tunnel
wird jetzt der Ball gerollt. Ein Kind sitzt in der Mitte und versucht,
den Ball zu erwischen.

Fußabwehr

Mitspieler/innen: 4 und mehr
Alter: ab 5 Jahren
Zeit: mindestens 10 Minuten
Material: ein möglichst weicher Ball
Ort: Turnhalle, Bewegungsraum, Wiese

Verlauf:
Mit Hilfe eines Abzählreimes wird ein Kind ausgesucht. Alle an-
deren Kinder legen sich auf den Rücken und ziehen ihre Beine an.
Das ausgewählte Kind hat die Aufgabe, ein Kind aus dem Kreis mit
dem Ball am Körper zu treffen. Dies versuchen die liegenden
Kinder zu verhindern, indem sie den Ball mit den Füßen abwehren.
Treffer an den Beinen zählen nicht, der Kopf darf nicht getroffen
werden. Wird ein Kind getroffen, so kommt es als nächstes mit
Werfen an die Reihe.

Vor Beginn des Spieles wird vereinbart, wie dicht das werfende
Kind an die anderen Kinder herankommen darf. Dies hängt natürlich auch vom Alter der Kinder ab.

Hase und Jäger

Mitspieler/innen :	7 und mehr
Alter:	ab 5 Jahren
Zeit:	mindestens 15 Minuten
Material:	ein weicher Ball
Ort:	Turnhalle, Bewegungsraum, Wiese

Verlauf:

Ein Kind ist der Jäger, alle anderen sind die Hasen. Der Jäger läuft
mit dem Ball und wirft dabei einen Hasen ab. Der getroffene Hase
wird auch zum Jäger. Sobald es zwei Jäger gibt, spielen sie sich
den Ball zu, d.h. der Ball darf nicht mehr im Lauf getragen werden.
Das Spiel ist zu Ende, wenn alle getroffen sind.
Der letzte Hase wird Jäger im neuen Spiel.

Variante:

Sobald es fünf Jäger sind, wird der erste Jäger wieder ein Hase.
So bleibt die Zahl der Jäger immer konstant.
Bestimmt fallen den Kindern noch andere Varianten ein.

Ballspiele

49

Grätschball

Mitspieler/innen:	8 und mehr
Alter:	ab 5 Jahren
Zeit:	mindestens 10 Minuten
Material:	zwei Bälle
Ort:	überall

Verlauf:
Es werden zwei Gruppen gebildet, zum Beispiel mit Hilfe eines Abzählreimes. Die Kinder stellen sich mit gegrätschten Beinen dicht hintereinander auf. Jeweils das erste Kind bekommt den Ball und rollt ihn durch die Beine aller Kinder hindurch. Das letzte Kind fängt den Ball hockend auf, läuft so schnell wie möglich mit dem Ball nach vorn, um ihn wieder durch die Beine zu rollen. Dies wird so lange wiederholt, bis das erste Kind wieder vorn steht. Die Gruppe, bei der zuerst alle Kinder an der Reihe waren, hat gewonnen.

Müde – matt

Mitspieler/innen:	2 und mehr
Alter:	ab 5 Jahren
Zeit:	mindestens 10 Minuten
Material:	ein Ball
Ort:	Turnhalle, Bewegungsraum, Wiese

Verlauf:
Die Kinder werfen sich gegenseitig einen Ball zu. Lässt ein Kind den Ball fallen, so ist es „müde". Beim zweiten mal ist es „matt", dann „krank", „kränker", „scheintot", und schließlich „mausetot". Gewonnen hat, wer noch „am Leben" ist.

Variante:
Wenn mit mehr als zwei Kindern gespielt wird, stellen die Kinder sich in einen Kreis. Eines steht in der Mitte und wirft den anderen den Ball zu.

Kaiser, König, Edelmann

Mitspieler/innen:	6 und mehr
Alter:	ab 5 Jahren
Zeit:	mindestens 10 Minuten
Material:	ein Ball, ein Stück Kreide
Ort:	im Freien

Verlauf:
Sechs Kinder – Kaiser, König, Edelmann, Bürger, Bauer und Bettel-
mann – stehen in je einem kleinen mit Kreide aufgemalten Kreis,
immer ein paar Schritte voneinander entfernt. Der Kaiser beginnt:
er wirft einem anderen Kind den Ball zu. Dieses versucht ihn zu
fangen, allerdings ohne dabei den Kreis zu verlassen. Fängt es den
Ball nicht, so muss es an die Stelle des Bettlers. Sobald es den
Kreis verlässt, können die anderen Kinder versuchen, diesen Kreis
zu erobern, natürlich nur, wenn sie dadurch eine Rangstufe
aufrücken können. Auf diese Weise wird wieder ein Kreis frei,
den dann ein anderes Kind einnehmen kann. So verändern sich die
Positionen laufend. Sobald alle Kinder wieder in einem Kreis
stehen, wird der Ball weiter geworfen.
Fängt ein Kind den Ball, während es in seinem Kreis steht, so wirft
es ihn so schnell wie möglich einem anderen Kind zu.

Verliebt – verlobt

Mitspieler/innen:	3 und mehr
Alter:	ab 5 Jahren
Zeit:	mindestens 10 Minuten
Material:	ein Ball
Ort:	Turnhalle, Bewegungsraum, Wiese

Verlauf:

Die Kinder stehen im Kreis und werfen sich gegenseitig den Ball zu. Wer ihn einmal fallen lässt, ist „verliebt". Wer ihn zweimal fallen lässt, ist „verlobt". Beim dritten Mal ist er „verheiratet", und wer ihn zum vierten Mal fallen lässt, „hat ein Kind". Je nach Ausdauer der Mitspielenden können mehrere Kinder gezählt werden, bevor der- oder diejenige dann ausscheiden muss. Wer zuletzt übrig bleibt hat gewonnen.

Ballspiele

52

Pfänderspiele

Pfänderspiele üben auf Kinder einen ganz speziellen Reiz aus.
Die Kinder können sich Aufgabenbereiche selbst wählen und die
Aufgaben kreativ gestalten. Hierbei erfahren sie eigene Grenzen
sowie die Grenzen anderer. Sie lernen, diese Grenzen zu respek-
tieren.
Ein „Pfand abgeben" ist dabei genau so wichtig, wie ein „Pfand
einlösen".

Gefördert werden insbesondere

Ich-Kompetenz

Sachkompetenz

Sozialkompetenz

Mehlschneiden

Mitspieler/innen:	4 und mehr
Alter:	ab 5 Jahren
Zeit:	mindestens 10 Minuten
Material:	Mehl, ein Messer, ein Zahnstocher
Ort:	am Tisch

Verlauf:

Ein Haufen Mehl wird auf den Tisch geschüttet, in die Mitte wird ein Zahnstocher gedrückt. Die Kinder schneiden nun nacheinander mit dem Messer ein wenig von dem Mehl ab. Wackelt der Zahnstocher jedoch beim Schneiden, so muss ein Pfand abgegeben werden.

Der Fischer

Mitspieler/innen:	4 und mehr
Alter:	ab 2 Jahren
Zeit:	mindestens 5 Minuten
Material:	keines
Ort:	am Tisch

Verlauf:

Alle Kinder sitzen an einem Tisch. Die Hände liegen flach auf der Tischplatte. Ein Kind ist der Fischer. Er steht auf und fährt mit den Händen auf dem Tisch hin und her. Dabei sagt er:

„Ich fische, ich fische,
ich fische frische Fische.
Ich hab' die ganze Nacht gefischt
Und habe keinen Fisch erwischt!"

Mit der letzten Silbe versucht er, eine der Hände zu erwischen. Das „erwischte" Kind gibt ein Pfand und darf beim nächsten Spiel der Fischer sein.

Armer schwarzer Kater

Mitspieler/innen:	5 und mehr
Alter:	ab 3 Jahren
Zeit:	mindestens 10 Minuten
Material:	keines
Ort:	überall

Verlauf:
Die Kinder sitzen im Kreis. Ein Kind ist der "schwarze Kater". Es krabbelt im Kreis herum und hält vor einem Kind an. Dieses Kind streichelt den Kater und sagt: "Armer schwarzer Kater".
Der Kater versucht nun, das Kind durch lautes Miauen und verschiedene Grimassen zum Lachen zu bringen. Gelingt ihm das, so gibt das Kind ein Pfand und darf den schwarzen Kater spielen.

Wattepusten

Mitspieler/innen:	3 und mehr
Alter:	ab 3 Jahren
Zeit:	mindestens 10 Minuten
Material:	ein Wattebausch
Ort :	am Tisch

Verlauf:
Die Kinder sitzen um einen Tisch herum, der wenn möglich eine glatte Oberfläche haben und rund sein sollte. In der Mitte des Tisches liegt ein Stückchen Watte. Jedes Kind bläst nun mit vollen Kräften das Wattebällchen von sich weg, in Richtung der anderen Kinder. Bei wem das Wattebällchen auf den Boden fällt oder wer es berührt, muss ein Pfand geben.

Pfänder einlösen

Mitspieler/innen:	4 und mehr
Alter:	ab 3 Jahren
Zeit:	mindestens 10 Minuten
Material:	die abgegebenen Pfänder
Ort:	überall

Verlauf:

Haben sich genügend „Pfänder" angesammelt, so können sie von ihren Besitzerinnen und Besitzern eingelöst werden. Die Spielleiterin greift sich ein Pfand nach dem anderen, aber so, dass das Kind, welches mit geschlossenen Augen in gebückter Haltung vor ihr steht, es nicht sehen kann. Sie klopft auf dessen Rücken und spricht dazu: „Bock, Bock, Bock, was soll derjenige tun, dessen Pfand ich in meiner Hand halte?" Der Bock denkt sich eine Aufgabe aus. Diese könnte lauten:

Erst wenn alle Kinder ihre Aufgaben erledigt haben, ist das Spiel beendet und alle bekommen ihre Pfänder wieder.

Pfänderspiele

56

Murmelspiele

Neben der Verbesserung der Feinmotorik haben die Murmelspiele eine große soziale Komponente. Sofern den Kindern die Möglichkeit geboten wird, eigenes, wertvolles Material einzusetzen, können sie lernen, Risiken beim Einsatz einzuschätzen und auch zu ertragen, wenn die eigenen Murmeln verspielt sind. Murmelspiele können Kinder stark machen "nein" zu sagen. Sie lernen selbst zu entscheiden, wie hoch der Einsatz ist und wann sie aufhören wollen.

Gefördert werden insbesondere

Tiefen-, Lage- und Bewegungswahrnehmung

Visuelle Wahrnehmung

Bewegungsplanung

Sachkompetenz

Sozialkompetenz

Andotzen

Mitspieler/innen:	2 und mehr
Alter:	ab 4 Jahren
Zeit:	mindestens 10 Minuten
Material:	mehrere Murmeln
Ort:	überall auf ebener Fläche

Verlauf:
Das erste Kind kullert eine Murmel von der Grundlinie aus beliebig weit fort. Das zweite Kind muss nun versuchen, diese mit seiner Murmel "anzudotzen", das heißt zu treffen. Gelingt ihm das, so bekommt es beide Murmeln, gelingt es ihm nicht, so gibt es seine Murmel an das andere Kind ab. Das Spiel beginnt von vorne.

Zielmurmeln

Mitspieler/innen:	3 und mehr
Alter:	ab 4 Jahren
Zeit:	mindesten 10 Minuten
Material:	pro Kind eine Murmel
Ort:	überall auf ebener Fläche

Verlauf:
Es werden ein Spielfeld und davon im Abstand von ungefähr zwei Metern eine Linie markiert. Ein Kind beginnt: es rollt seine Murmel von der Linie aus ins Spielfeld. Die anderen Kinder versuchen nun nacheinander, diese Murmel zu treffen. Das Kind, das die Murmel trifft, darf sie behalten. Trifft jedoch kein Kind, so bekommt das Kind, das die erste Murmel gerollt hat, die Murmeln aller anderen Kinder. Das Spiel beginnt von vorne, jetzt darf ein anderes Kind die erste Murmel rollen.

Murmeltor

Mitspieler/innen:	2 und mehr
Alter:	ab 4 Jahren
Zeit:	mindestens 10 Minuten
Material:	ca. 10 Murmeln pro Kind, eine Schere, Stifte, ein Pappkarton
Ort:	überall auf ebener Fläche

Verlauf:

In die breite Seite eines Schuhkartons werden mehrere Bögen geschnitten. Die Bögen müssen so groß sein, dass Murmeln hindurch passen. Über jedes Tor wird eine Nummer geschrieben. Jetzt kann's losgehen!

Die Kinder stellen sich einige Schritte vor dem Tor auf und rollen abwechselnd ihre Murmeln dagegen. Ziel ist es, mit den Murmeln durch die Bögen zu treffen. Gelingt das, so erhält das Kind die Anzahl der Punkte, die über dem getroffenen Bogen stehen. Das Kind mit den meisten Punkten hat gewonnen.

Variante:

Je höher die Nummer desto kleiner das Tor!

Kreisje

Mitspieler/innen:	2 und mehr
Alter:	ab 4 Jahren
Zeit:	mindestens 10 Minuten
Material:	ca. 10 Murmeln pro Kind, evtl. Kreide
Ort:	überall auf ebener Fläche

Verlauf:

In den Boden wird mit der Ferse ein Loch gebohrt bzw. im Zimmer ein Kreidekreis gezogen.

Die Kinder stehen fünf bis acht Schritte vom Kreis entfernt. Jedes Kind versucht von hier aus mit drei Murmeln das Loch zu treffen. Wer die meisten Murmeln im Loch hat bzw. am nächsten dran ist, der darf beginnen: mit gekrümmtem Zeigefinger wird versucht, eine der liegenden Kugeln ins Loch zu kicken. Glückt das, darf weitergespielt werden, sonst kommt das nächste Kind an die Reihe.

Murmelspiele

60

Glücksstein

Mitspieler/innen:	2 und mehr
Alter:	ab 4 Jahren
Zeit:	mindestens 10 Minuten
Material:	Murmeln, ein Stein
Ort:	überall auf ebener Fläche

Verlauf:

Es wird ein Kreis von ungefähr vier bis fünf Metern Durchmesser aufgemalt.

In den Mittelpunkt wird ein Glücksstein (ein besonders großer, schöner Stein) gelegt.

Die Kinder hocken sich an den Kreisrand und versuchen, ihre Murmel so nahe wie möglich an den Glücksstein heranzukullern. Das Kind, dessen Murmel am dichtesten dran ist, gewinnt alle anderen Murmeln. Das Spiel beginnt von neuem.

Singspiele
und Rhythmische Spiele

Schon kleine Kinder reagieren stark auf Musik und lieben es sich im Rhythmus zu bewegen.
Singspiele und Rhythmische Spiele stellen ein Medium dar, das den Kindern eine Möglichkeit bietet, mit anderen in Kontakt zu treten. Außerdem erlernen sie dabei komplizierte Bewegungsabläufe auf spielerische Art und Weise.

Gefördert werden insbesondere

Tiefen-, Lage- und Bewegungswahrnehmung

Gleichgewichtswahrnehmung

Auditive Wahrnehmung

Bewegungsplanung

Sprachentwicklung

Ich-Kompetenz

Sozialkompetenz

Ringel, Ringel, Reihe

Mitspieler/innen: 5 und mehr
Alter: ab 2 Jahren
Zeit: mindestens 10 Minuten
Material: keines
Ort: überall

Text:
Ringel, ringel Reihe,
der Kinder sind wir dreie,
sitzen hinterm Holderbusch,
machen alle husch, husch, husch.

Verlauf:
Bei diesem einfachen Spiel fassen sich die Kinder an den Händen
und tanzen nach der Melodie im Kreis herum. Bei "hinterm
Holderbusch" gehen alle in die Hocke und verharren dort bis sie
bei "husch, husch, husch" dreimal hüpfen.

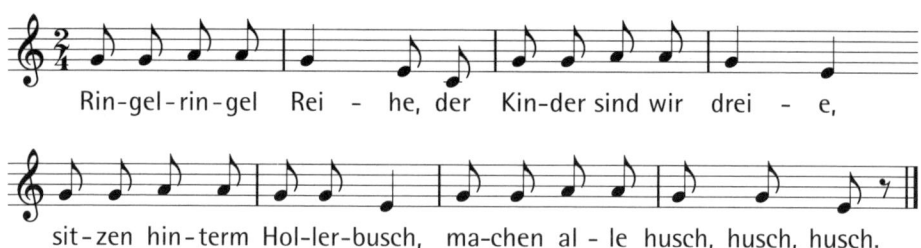

Rin-gel-rin-gel Rei - he, der Kin-der sind wir drei - e,

sit-zen hin-term Hol-ler-busch, ma-chen al - le husch, husch, husch.

Häschen in der Grube

Mitspieler/innen: 5 und mehr
Alter: ab 2 Jahren
Zeit: mindestens 5 Minuten
Material: keines
Ort: überall

Text:
Häschen in der Grube saß und schlief!
Armes Häschen bist du krank,
dass du nicht mehr hüpfen kannst?
Häschen hüpf, Häschen hüpf, Häschen hüpf.

Verlauf:
Die Kinder bilden einen Kreis, in der Mitte hockt ein Kind zusammengekauert und tut so, als ob es schläft. Die Kinder singen das Lied, während sie um das Häschen herumgehen. Wenn die Kinder singen: "Häschen hüpf, Häschen hüpf, Häschen hüpf" hüpft das Kind aus der Mitte auf ein anderes Kind zu. Dieses darf nun das Häschen sein und sich in die Mitte hocken.

Häs-chen in der Gru - be saß und schlief,

saß und schlief! Ar - mes Häs - schen

bist du krank, dass du nicht mehr hüp - fen kannst?

Häs-chen hüpf, Häs-chen hüpf, Häs - chen hüpf!

Brüderchen komm tanz mit mir

Mitspieler/innen:	2 und mehr
Alter:	ab 2 Jahren
Zeit:	mindestens 10 Minuten
Material:	keines
Ort:	überall

Verlauf:

Es stellen sich immer zwei Kinder gegenüber. Sie singen das Lied und begleiten es mit zum Text passenden Bewegungen. Bei „einmal hin, einmal her" fassen sie sich an und gehen seitwärts einen Schritt nach rechts und einen Schritt nach links, um sich danach um die eigene Achse zu drehen.

Bei der 4. Strophe zeigen die Kinder mit ausgestrecktem Zeigefinger (erst rechts: „ei das hast du fein gemacht", dann links: „ei das hätt ich nicht gedacht") im Takt auf ihr Gegenüber.

Singspiele

64

1. Brü - der - chen komm tanz mit mir! Bei - de Hän - de reich ich dir. Ein - mal hin, ein - mal her, rund - he - rum, das ist nicht schwer.

Text:

1. Brüderchen komm tanz mit mir!
   Beide Hände reich ich dir.
   einmal hin, einmal her,
   rundherum, das ist nicht schwer.

2. Mit dem Köpfchen nick, nick, nick,
   mit den Fingerchen tick, tick, tick.
   Einmal hin, einmal...

3. Mit den Füßchen trapp, trapp trapp,
   mit den Händen klapp, klapp, klapp.
   Einmal hin, einmal...

4. Ei das hast du fein gemacht,
   ei, das hätt ich nicht gedacht.
   Einmal hin, einmal...

Singspiele

65

Es tanzt ein Bi - Ba - Butzemann

Mitspieler/innen: 4 und mehr
Alter: ab 3 Jahren
Zeit: mindestens 10 Minuten
Material: keines
Ort: überall

Verlauf:
Die Kinder bilden einen Kreis. Ein Kind darf in die Mitte gehen, es ist der Butzemann. Nun singen die Kinder das Lied und der Butzemann macht die Bewegungen dazu: Säckchen tragen, rütteln, schütteln, Säckchen hinter sich werfen. Dann sucht sich das Kind einen anderen Butzemann aus.

1. Es tanzt ein Bi - Ba - But - ze - mann in un - serm Kreis he - rum, di - del - dum. Es tanz ein Bi - Ba - But - ze - mann in un - serm Kreis he - rum. Er rüt - telt sich, er schüt - telt sich, er wirft sein Säck - chen hin - ter sich. Es tanzt ein Bi - Ba - But - ze - mann in un - serm Kreis he - rum.

Text:
Es tanzt ein Bi - ba – butzemann
in unserm Kreis herum,
di - del - dum.

Er rüttelt sich, er schüttelt sich,
er wirft sein Säckchen hinter sich.

Es tanzt ein Bi - ba – butzemann
in unserm Kreis herum

Wir öffnen jetzt das Taubenhaus

Mitspieler/innen: ein Erwachsener mit einem Kind
und mehr
Alter: ab 2 Jahren
Zeit: mindestens 5 Minuten
Material: keine
Ort: überall

Verlauf:
Kleine Kinder sitzen bei Erwachsenen auf dem Schoß. Beim Verlassen des Taubenhauses breitet die Erwachsenen die Arme aus und bei der Heimkehr der Tauben werden die Arme wieder fest um das Kind geschlossen.
Das Kind kann als fliegende Taube auch vom Erwachsenen durch den Raum getragen werden.

Variante:
Die größeren Kinder bilden das Taubenhaus, die kleineren Kinder laufen als fliegende Tauben durch den Raum und kehren zum Schluss in die schützenden Arme der größeren Kinder zurück.

Singspiele

68

Text:
Wir öffnen jetzt das Taubenhaus,
die Täubchen sie fliegen so froh hinaus,
sie fliegen in das grüne Feld,
wo's unsern Täubchen wohl gefällt.
Und kehren sie Heim, so erzählen sie sich,
wie's draußen im Freien so lustig ist:
„Ruck kru, ruck kru, ruck kru, ruck kru!"

Zeigt her eure Füße

Mitspieler/innen: 4 und mehr
Alter: ab 2 Jahren
Zeit: mindestens 10 Minuten
Material: keines
Ort: überall

Verlauf:
Die Kinder stehen im Kreis und stützen die Arme in die Hüften. Im Rhythmus der Melodie stellen sie abwechselnd den rechten und linken Fuß vor. An der Stelle: „Sie waschen, sie waschen" ahmen sie die Bewegungen des Waschens nach. Ebenso werden bei den weiteren Strophen die entsprechenden Tätigkeiten nachgespielt.

Text:
1. Zeigt her eure Füße, zeigt her eure Schuh
Und sehet den fleißigen Waschfrauen zu.
Sie waschen, sie waschen, sie waschen den ganzen Tag
Sie waschen, sie waschen, sie waschen den ganzen Tag

Zeigt her eu - re Fü - ße, zeigt her eu - re Schuh - und

seh - het den flei - ßi-gen Wasch - frau-en zu. Sie

wa-schen, sie wa-schen, sie wa-schen den gan-zen Tag.

2. Zeigt her eure Füße, zeigt her eure Schuh
Und sehet den fleißigen Waschfrauen zu.

2.   sie spülen
3.   sie bügeln
4.   sie nähen
5.   sie kämmen
6.   sie putzen
7.   sie schlafen
8.   sie tanzen
9.   sie hüpfen
10.   sie trinken

Es können natürlich beliebige weitere Strophen dazugedichtet
werden. Und warum soll es immer nur Waschfrauen geben? Wie
wär's mit Waschmännern?

Jetzt steigt Hampelmann

Mitspieler/innen:	2 und mehr
Alter:	ab 2 Jahren
Zeit:	mindestens 10 Minuten
Material:	keines
Ort:	überall

Text:
1. Jetzt steigt Hampelmann, jetzt steigt Hampelmann aus seinem Bett heraus

Refrain:
Oh, du mein Hampelmann, mein Hampelmann, mein Hampelmann,
Oh, du mein Hampelmann, mein Hampelmann, bist schön

2. Jetzt zieht Hampelmann sich seine Strümpfe an...
3. Jetzt zieht Hampelmann die bunte Hose an...
4. Jetzt zieht Hampelmann das kurze Jäckchen an...
5. Jetzt setzt Hampelmann die Zipfelkappe auf...
6. Jetzt geht Hampelmann mit seiner Frau spazieren...
7. Jetzt tanzt Hampelmann mit seiner lieben Frau...

Der Hampelmann steht in der Kreismitte und macht die entsprechenden Bewegungen. Zuletzt holt er sich aus dem Kreis ein anderes Kind (seine Frau), geht eingehakt mit ihm im Kreis spazieren und tanzt zur letzten Strophe mit ihr im Kreis herum.

Singspiele

72

Jetzt steigt Ham-pel-mann, jetzt steigt Ham-pel-mann aus

sei-nem Bett he-raus, aus sei-nem Bett he-raus:

Oh, du mein Ham-pel-mann, mein Ham-pel-mann, mein Ham-pel-mann,

o, du mein Ham-pel-mann, mein Ham-pel-mann bist du.

Wer will fleißige Handwerker sehn?

Mitspieler/innen: 2 und mehr
Alter: ab 3 Jahren
Zeit: mindestens 10 Minuten
Material: keines
Ort: überall

Text:
1. Wer will fleißige Handwerker sehn?
Der muss zu uns Kindern gehn. (Refrain)
Stein auf Stein, Stein auf Stein,
das Häuschen wird bald fertig sein.

2. Wer will...
Oh, wie fein, oh, wie fein!
Der Glaser setzt die Scheiben ein.

3. Zisch, zisch, zisch! Zisch, zisch, zisch!
Der Tischler hobelt glatt den Tisch.

Singspiele

74

4. Tauchet ein, tauchet ein,
der Maler malt die Wände fein.

5. Poch, poch, poch! Poch, poch, poch,
der Schuster schustert zu das Loch.

6. Stich, stich, stich! Stich, stich, stich,
der Schneider näht ein Kleid für dich.

7. Stein auf Stein, Stein auf Stein,
das Häuschen wird bald fertig sein.

8. Hopp,hopp,hopp! Hopp, hopp, hopp,
jetzt tanzen alle im Galopp.

Verlauf:
Die Kinder bilden einen Kreis und fassen sich an den Händen.
Während sie den Refrain singen, gehen die Kinder im Kreis
herum. Anschließend ahmen sie die typischen Tätigkeiten der
Handwerker nach.
Bei der letzten Strophe wird getanzt.

Wer will flei - ßi - ge Hand - wer - ker sehn?
Der muss zu uns Kin - dern gehn. Stein auf Stein,
Stein auf Stein, das Häus - chen wird bald fer - tig sein.

Mein Hut, der hat drei Ecken

Mitspieler/innen:	3 und mehr
Alter:	ab 4 Jahren
Zeit:	mindestens 10 Minuten
Material:	keines
Ort:	überall

Text:
Mein Hut, der hat drei Ecken, drei Ecken hat mein Hut.
Und hat er nicht drei Ecken, dann ist es nicht mein Hut.

Verlauf:
Das Lied wird so gesungen, dass bei jeder Wiederholung ein anderes Wort wegbleibt und durch eine entsprechende Bewegung ersetzt wird. Zuerst fällt das Wort "Hut" weg, statt dessen tippt die Hand auf den Kopf. Dann wird das Wort "Ecken" weggelassen, eine Hand berührt den Ellenbogen. Für das Wort "mein" tippt sich jedes Kind an die Brust. Schließlich wird "drei" durch das Zeigen von drei Fingern ersetzt.
Die Schwierigkeit besteht darin, alle diese Wörter in der richtigen Reihenfolge durch die entsprechenden Bewegungen zu ersetzen. Wer einen Fehler macht, gibt ein Pfand ab.

Mein Hut, der hat drei E-cken, drei E-cken hat mein Hut. Und

hat er nicht drei E-cken, dann ist es nicht mein Hut.

Ringlein, Ringlein, du musst wandern

Mitspieler/innen:	5 und mehr
Alter:	ab 4 Jahren
Zeit:	mindestens 10 Minuten
Material:	ein Ring
Ort:	überall

Verlauf:

Die Kinder stehen im Kreis und halten die geschlossenen Hände in Brusthöhe vor sich. Ein Kind geht mit einem Ring, den es ebenfalls in den geschlossenen Händen hält, von einem Kind zum anderen und lässt dabei möglichst unauffällig irgendwo den Ring in die Hände gleiten.

Die Spielleiterin geht mit folgendem Abzählreim einmal im Kreis herum:

Nun errat' einmal mein liebes Kind,
wer hat den wunderschönen Ring?

Das ausgewählte Kind darf dreimal raten, wer den Ring hat. Hat es richtig geraten, darf es beim nächsten Mal in die Mitte, ansonsten ist das Kind an der Reihe, welches den Ring hat.

Text:
Ringlein, Ringlein, du musst wandern,
von dem einen Ort zum andern.
Oh wie schön, oh wie schön
kann man dieses Ringlein drehn.

Wir schließen das Tor,
wir öffnen das Tor

Mitspieler/innen: 8 und mehr
Alter: ab 4 Jahren
Zeit: mindestens 10 Minuten
Material: keines
Ort: überall

Verlauf:
Die Kinder bilden eine Gasse, wobei sich jeweils zwei Kinder gegenüber stehen.
Während das Lied gesungen wird, gehen die Kinder - passend zum Text - aufeinander zu bzw. wieder auseinander. Die Namen der Kinder eines Paares werden in das Lied integriert (z.B. die Anja und der Julian, die treten hervor).
Die beiden genannten Kinder dürfen die Reihe einmal hin und zurück im Seitgalopp durchtanzen, die anderen Kinder klatschen dazu.
Dies wird wiederholt, bis alle Kinder an der Reihe waren.

Text:

Wir schließen das Tor,
wir öffnen das Tor.
Die Anja und der Julian,
die treten hervor.

Heißa durch die lange Reihe,
alle andern müssen stehn,
heißa durch die lange Reihe,
nun auf Wiedersehn!

Ein Hut, ein Stock, ein Regenschirm

Mitspieler/innen:	3 und mehr
Alter:	ab 5 Jahren
Zeit:	mindestens 5 Minuten
Material:	keines
Ort:	überall

Reim:
„1 und 2 und 3 und 4 und 5 und 6 und 7 und 8 und 9 und 10
ein Hut, ein Stock, ein Regenschirm,
und vorwärts, rückwärts, seitwärts, ran".

Verlauf:
Alle Kinder stellen sich nebeneinander auf und haken sich jeweils
beim Nachbarkind mit den Armen ein. Während sie zusammen
vorwärts gehen, wird zu jedem Schritt eine Silbe des Reimes
gesprochen. Vor dem „vorwärts" bleibt die Reihe kurz stehen, um
sich dann folgendermaßen zu bewegen:
Bei „vorwärts" mit der rechten Fußspitze nach vorn tippen, bei
„rückwärts" nach hinten tippen, bei „seitwärts" zur rechten Seite
raus und bei „ran" wieder zurück an den linken Fuß stellen. Jetzt
beginnt das Ganze wieder von vorne.

Spiele mit den Händen

Die Hände nehmen in der gesamten kindlichen Entwicklung eine große Rolle ein, da schon kleine Kinder durch „Be-greifen" sich selbst und die Welt entdecken.

Gefördert werden insbesondere

Berührungswahrnehmung

Tiefen-, Lage- und Bewegungswahrnehmung

Visuelle Wahrnehmung

Bewegungsplanung

Seitigkeit

Sprachentwicklung

Ich-Kompetenz

Sozialkompetenz

Alle meine Fingerlein

Mitspieler/innen:	2 und mehr
Alter:	ab 1 1/2 Jahren
Zeit:	mindestens 5 Minuten
Material:	keines
Ort:	überall

Verlauf:
Zu Beginn wird die ganze Hand mit allen Fingern angeschaut. Nun wird der Reihe nach jeder Finger mit Zeigefinger und Daumen der anderen Hand sanft gedrückt. So werden nacheinander alle Tiere vorgestellt.

Text:
Alle meine Fingerlein
sollen einmal Tierlein sein.

Dieser Daumen dick und rund,
ist der große Schäferhund.

Zeigefinger – stolzes Pferd,
von dem Reiter wohl geehrt.

Mittelfinger – bunte Kuh
Die macht immer muh, muh, muh.

Ringfinger ist der Ziegenbock
Mit dem langen Zottelrock.

Und das kleine Fingerlein
Soll einmal ein Schäfchen sein.

Fünf Finger sitzen dicht an dicht

Mitspieler/innen:	2 und mehr
Alter:	ab 2 Jahren
Zeit:	mindestens 5 Minuten
Material:	keines
Ort:	überall

Text:

Fünf Finger sitzen dicht an dicht,
sie wärmen sich und frieren nicht.
Der Erste sagt: „Ich muss jetzt gehen."
Der Zweite sagt: „Auf Wiedersehn."
Der Dritte hält's auch nicht mehr aus.
Der Vierte geht zur Tür hinaus.
Der Fünfte ruft: „He da, ich frier!"
Da wärmen ihn die andern vier.

Verlauf:

Die Kinder schauen auf ihre geöffnete Hand, legen den Daumen
in die Innenfläche und bedecken ihn mit den vier Fingern.
Die Finger werden entsprechend dem Text nacheinander
gestreckt, bis der Daumen freiliegt. Weil er nun friert, wird er
von den anderen Fingern wieder zugedeckt.

Meistens wird mit dem Zeigefinger begonnen, schwieriger ist es,
mit dem kleinen Finger anzufangen.

Fünf Männlein sind in den Wald gegangen

Mitspieler/innen: 2 und mehr
Alter: ab 2 Jahren
Zeit: mindestens 5 Minuten
Material: keines
Ort: überall

Verlauf:
Die einzelnen Finger werden zum Sprechvers hin- und herbewegt.

Sprechvers:
Fünf Männlein sind in den Wald gegangen,
sie wollten einen Hasen fangen.

Der erste, der war dick wie ein Fass,
der rief nur immer: „Wo ist der Has, wo ist der Has?" (Daumen)

Der zweite rief: „Da, da, da, da ist er ja, da ist er ja!" (Zeigefinger)

Der dritte war der längste, aber auch der allerbängste, der fing
gleich an zu weinen: „Ich sehe keinen, ich sehe keinen." (Mittelfinger)

Der vierte sagte: „Das ist mir zu dumm, ich mach nicht mehr mit,
ich kehr wieder um!" (Ringfinger)

Der fünfte aber, wer hätte das gedacht, der hat den Hasen nach
Hause gebracht. (Kleiner Finger)

Da haben alle Leute gelacht: „Ha, ha, ho, ho, hi, hi." (alle Finger)

Himpelchen und Pimpelchen

Mitspieler/innen:	2 und mehr
Alter:	ab 2 Jahren
Zeit:	mindestens 5 Minuten
Material:	keines
Ort :	überall

Verlauf:

Beide Hände werden ineinander gefaltet. Die Daumen liegen obenauf und sind die Zwerge, die mit den Köpfen wackeln. Schließlich verschwinden beide in der Höhlung der Hände. Dann wird die ganze „Handhöhle" an das Ohr des Kindes gelegt und dazu geschnarcht.

Wachen die Zwerge auf, zeigen sich die Daumen wieder.

Text:

Himpelchen und Pimpelchen steigen auf einen Berg.
Himpelchen ist ein Heinzelmann und Pimpelchen ein Zwerg.
Sie bleiben lange oben sitzen und wackeln mit ihren Zipfelmützen.
Und nach siebenundzwanzig Wochen sind sie in den Berg gekrochen:

Schnarchen dort in guter Ruh –
Sei ganz still und horch mal zu:
ch, ch, ch, ch –
doch dann sind sie aufgewacht und haben sich kaputtgelacht.

Zehn kleine Zappelmänner

Mitspieler/innen :	2 und mehr
Alter :	ab 2 Jahren
Zeit :	mindestens 5 Minuten
Material :	keines
Ort :	überall

Verlauf:

Die Finger zappeln, entsprechend den Worten, in der Luft oder auf dem Tisch herum.

Beim Verstecken werden die Finger zur Faust geballt und hinter dem Rücken versteckt, bevor sie kichernd wieder hervorgeholt werden.

Sprech- oder Singvers:

10 kleine Zappelmänner zappeln hin und her.
10 kleinen Zappelmännern fällt das gar nicht schwer.

10 kleine Zappelmänner zappeln auf und nieder,
10 kleine Zappelmänner, tun das immer wieder.

10 kleine Zappelmänner zappeln rings herum,
10 kleine Zappelmänner die sind gar nicht dumm.

10 kleine Zappelmänner kriechen ins Versteck –
10 kleine Zappelmänner sind auf einmal weg!

10 kleine Zappelmänner sind nun wieder da,
10 kleine Zappelmänner schreien laut Hurra.

Händeturm

Mitspieler/innen: 2 und mehr
Alter: ab 3 Jahren
Zeit: mindestens 5 Minuten
Material: keines
Ort: am Tisch

Verlauf:
Alle Kinder sitzen um einen Tisch. Ein Kind beginnt und legt eine
Hand flach auf die Tischmitte. Das Nachbarkind legt seine Hand
darauf, und so geht es die ganze Runde. Anschließend kommt die
zweite Hand von allen Kindern dran. So entsteht ein Händeturm.
Nun beginnt das erste Kind seine untere Hand herauszuziehen
und legt sie ganz oben auf den Turm. Das zweite macht es ebenso
und so geht es immer weiter. Zum Schluss entsteht ein „Kuddel-
muddel".
Einen besonderen Reiz hat das Spiel, wenn man langsam anfängt
und immer schneller wird.

In Hamburg wird ein Turm gebaut

Mitspieler/innen:	1 und mehr
Alter:	ab 4 Jahren
Zeit:	mindestens 5 Minuten
Material:	keines
Ort:	überall

Verlauf:

Man legt den Zeigefinger der rechten Hand auf den Daumen der linken Hand. Dann legt man den Zeigefinger der linken Hand auf den Daumen der rechten Hand. Dazu muss man die Hände etwas drehen usw. Um den Turm zu „bauen", bewegt man die Arme langsam nach oben, während man dabei die Fingerbewegungen weitermacht.

Für die Spitze legt man beide Hände als Dreieck zusammen, die beiden Daumen bilden die Basis. Ein Daumen schaut als „Onkel Fritze" durch die Öffnung.

Vers:

In Hamburg wird ein Turm gebaut,
aus Buttermilch und Sauerkraut.
Der Turm hat eine Spitze,
daraus guckt Onkel Fritze.

Die Reise nach Amerika

Mitspieler/innen:	3 und mehr
Alter:	ab 3 Jahren
Zeit:	mindestens 10 Minuten
Material:	keines
Ort:	am Tisch

Verlauf:

Alle Kinder sitzen um einen Tisch, ihre Fäuste mit hochgestreck-
tem Daumen liegen auf der Tischplatte. Die Hand der Spielleiterin
kreist in der Luft über den Kinderhänden, während folgender Vers
gesprochen wird:

> „Ich reise nach Amerika
> und wer will mit?
> Die Katze mit dem langen Schwanz.
> Und die will mit!"

Beim letzten Wort schließt die Hand der Spielleiterin sich um
einen der Daumen der Kinder und nun reisen beide Daumen
zusammen weiter. Beim nächsten Vers holen sie sich den dritten
Daumen, usw. so entsteht allmählich ein hoher Turm.
Zuletzt heißt es:

> „Oh, du dummer Schaffner!
> Was hast du denn gemacht,
> Du hast uns statt nach Amsterdam
> Nach Afrika gebracht!"

Unter allgemeinem Gezappel löst sich der Turm auf.

Wenn ich vorm Spiegel steh'

Mitspieler/innen:	2 und mehr
Alter:	ab 5 Jahre
Zeit:	mindestens 5 Minuten
Material:	keines
Ort:	überall

Verlauf:
Zwei Kinder stehen sich gegenüber. Dabei klatschen sie abwechselnd auf die Hände des anderen und in die eigenen Hände.
Zum Rhythmus des Klatschens wird das folgende Lied gesungen.

Text:
1. Wenn ich vorm Spiegel steh' und mir die Haare dreh',
Oh Gott bewahre die langen Haare.
Ich reiß sie alle aus und mach 'nen Besen draus.
Den Bes'n verkauf ich, das Geld versauf' ich.
Wenn meine Mutter wüsst', dass mich mein Schätzchen küsst,
dann gäb's 'n Hintern voll und was dazu.

2. Ich fahr' nach Bullerbü, da gibt es viele Küh'
und sogar eine mit achtzig Beinen.
Sie wurde aufgehängt und wurde mir geschenkt.
Sie schmeckte grade nach Marmelade.

Wenn ich vorm Spie-gel steh' und mir die
Haa-re dreh', oh Gott be-wah-re die lan-gen Haa-re. Ich reiß sie
al-le aus und mach 'nen Be-sen draus. Den Be-sen ver-
kauf ich, das Geld ver-sauf ich. Wenn mei-ne
Mut-ter wüsst', dass mich mein Schätz-chen küsst, dann gäb's 'n
Hin-tern voll und was da-zu!

In Mutters Stübele

Mitspieler/innen:	2 und mehr
Alter:	ab fünf Jahren
Zeit:	mindestens 5 Minuten
Material:	keines
Ort:	überall

Verlauf:
Zwei Kinder stehen sich mit erhobenen Händen gegenüber.
Während sie den Text sprechen, klatschen sie rhythmisch bei jeder
Silbe und zwar in dieser Reihenfolge:

In die eigenen Hände klatschen, die rechte Hand an die rechte
Hand des Gegenübers klatschen – in die eigenen Hände klatschen
– die linke Hand an die linke Hand des Gegenübers klatschen.

Bei „hm – hm – hm" wird dreimal in die Hände des Partners
geklatscht, bei „Wind" aber nur einmal.

1. In Mut - ters Stü - be - le, da geht der hm, hm, hm,

in Mut - ters Stü - be - le, da geht der Wind.

Text:
In Mutters Stübele, da geht der hm - hm - hm,
in Mutters Stübele, da geht der Wind.

Du hast kein Hemdl an und ich kein hm – hm – hm,
du hast kein Hemdl an und ich kein' Strümpf.

Du nimmst den Bettelsack und ich den hm - hm - hm,
du nimmst den Bettelsack und ich den Korb.

Du kriegst ein Äppelchen und ich ein hm - hm - hm,
du kriegst ein Äppelchen und ich ein Birn.

Du sagtest „Danke schön" und ich sag hm - hm - hm,
du sagtest „Danke schön" und ich sag „schups!"

Wettspiele

Entgegen der häufig geäußerten Meinung, Wettspiele gehören nicht in den Kindergarten, empfinden wir Wettspiele sogar als einen wichtigen Bestandteil der Spiele für den Kindergarten. Durch das Messen mit anderen kann das Kind seine eigenen Stärken und Schwächen erkennen. Dies gibt ihm die Möglichkeit, seine Grenzen zu begreifen und zu akzeptieren, was wiederum Sicherheit im sozialen Umgang mit anderen bringt.

Gefördert werden insbesondere

Ich-Kompetenz

Sachkompetenz

Sozialkompetenz

Hahnenkampf

Mitspieler/innen:	2 und mehr
Alter:	ab 5 Jahren
Zeit:	mindestens 5 Minuten
Material:	Seile zur Abgrenzung, bzw. Kreide zum Markieren eines Kreises
Ort:	überall

Verlauf:

Zwei Kinder stehen sich in einem Kreis gegenüber. Sie sind die Hähne, die auf einem Bein hüpfend mit verschränkten Armen versuchen, sich gegenseitig aus dem Kreis zu drängen, oder aus dem Gleichgewicht zu bringen. Wer umfällt bzw. sein zweites Bein zu Hilfe nimmt oder aus dem Kreis gedrängt wird, hat verloren.

Wettspiele

100

Sackhüpfen

Mitspieler/innen:	2 und mehr
Alter:	ab 5 Jahren
Zeit:	mindestens 10 Minuten
Material:	Kartoffelsäcke, ersatzweise Bett- oder Kissenbezüge
Ort:	Turnhalle, Bewegungsraum, Wiese

Verlauf:

Jedes Kind steigt in seinen Sack hinein, zieht ihn bis zur Brust und hält ihn mit beiden Händen fest. Die Spielleiterin gibt ein Startsignal. Nun versucht jeder „Sackhüpfer", die etwa zehn bis fünfzehn Meter entfernte Ziellinie zu erreichen. Wer umfällt, muss schnell wieder auf die Beine kommen – und weiter geht's.

Variante:

Sackhüpfen kann auch als Gruppenspiel durchgeführt werden. Die Mitspielerinnen und Mitspieler jeder Gruppe hüpfen nacheinander bis zur Ziellinie und wieder zurück. Die Gruppe, in der zuerst alle die vorgegebene Strecke zurückgelegt haben, hat gewonnen!

Wettspiele

101

Schubkarrenrennen

Mitspieler/innen: 4 und mehr
Alter: ab 5 Jahren
Zeit: mindestens 10 Minuten
Material: keines
Ort: Turnhalle, Bewegungsraum, Wiese

Verlauf:
 Es wird eine Start- und eine Ziellinie markiert, die Kinder finden sich zu zweit zusammen. Eines legt sich auf den Boden, seine Fußgelenke werden vom anderen umfasst. Nach dem Startzeichen hebt das eine Kind die Beine des anderen an, dieses läuft auf seinen Händen los.
An der Ziellinie wird schnell gewechselt. Die beiden Kinder, die als erste wieder zurück an die Startlinie kommen, haben gewonnen.

Tauziehen

Mitspieler/innen: 6 und mehr
Alter: ab 4 Jahren
Zeit: mindestens 5 Minuten
Material: ein langes Tau, ein Stück Kreide
Ort: Turnhalle, Bewegungsraum, Wiese

Verlauf:
Zwei möglichst gleichstarke Gruppen stehen sich - jeweils in einer Reihe - gegenüber. Nun nehmen sie das Tau auf, das mindestens die Länge beider Reihen haben sollte. Zwischen den beiden Parteien ist eine Linie markiert. Jetzt kann's losgehen: auf ein Kommando hin wird gezogen. Übertritt der Erste einer Gruppe den Strich, so ist die Gruppe am „Absterben", hat aber noch nicht verloren. Erst wenn alle Spielerinnen und Spieler einer Gruppe den Strich übertreten haben, hat die Gegenpartei gewonnen.

Kartoffellauf

Mitspieler/innen:	2 und mehr
Alter:	ab 4 Jahren
Zeit:	mindestens 10 Minuten
Material:	zwei Löffel, zwei Kartoffeln
Ort:	Turnhalle, Bewegungsraum, Wiese

Verlauf:

Es wird eine Start- und eine Ziellinie gezogen. Es spielen jeweils
zwei Kinder bzw. zwei Gruppen gegeneinander. Die beiden Kinder,
die an der Reihe sind stellen sich an die Startlinie, jeweils ausges-
tattet mit einem Esslöffel und einer darauf liegenden Kartoffel.
Nach dem Startsignal laufen sie vorsichtig, damit die Kartoffel
nicht herunterfällt, zur Ziellinie. Das Kind, das zuerst angekommen ist bzw. die Gruppe, bei der zuerst alle Kinder an der Reihe
waren, hat gewonnen.

Wichtig:

Die Kartoffel darf während des Laufes nicht angefasst werden.
Fällt sie herunter, so muss das Kind zurück zum Start und von
vorne beginnen.

Reise nach Jerusalem

Mitspieler/innen:	6 und mehr
Alter:	ab 4 Jahren
Zeit:	mindestens 10 Minuten
Material:	Stühle (ein Stuhl weniger als Kinder mitspielen)
Ort:	Turnhalle, Bewegungsraum, Wiese

Verlauf:

Die vorhandenen Stühle werden in einer Reihe nebeneinander aufgestellt und zwar jeweils abwechselnd mit der Rückenlehne nach hinten bzw. nach vorne. Die Sitzflächen weisen also auf beide Seiten der Stuhlreihe. Es ist darauf zu achten, dass ein Stuhl weniger aufgestellt wird als Kinder mitspielen.

Die Kinder laufen im Gänsemarsch um die Stuhlreihe herum. Die Spielleiterin ruft plötzlich: „Hinsetzen". In diesem Augenblick sucht sich jedes Kind einen leeren Stuhl, dabei darf die Stellung der Stühle nicht verändert werden. Das Kind, das keinen Stuhl erwischt hat, scheidet aus. Vor der nächsten Runde wird ein Stuhl aus der Reihe entfernt. Die Zahl der „Reisenden nach Jerusalem" wird von mal zu mal kleiner, bis zuletzt nur noch zwei Kinder um einen leeren Stuhl herum rennen. Gewonnen hat das Kind, das den letzten Stuhl „besetzt".

Variante:

Das Spiel kann anstelle von einem Ruf der Spielleiterin auch durch Musik (z.B. eine Kassette oder CD) gesteuert werden. Hört die Musik auf, suchen sich alle Kinder einen Stuhl. Besonders schwierig wird es, wenn nur die Lautstärke der Musik variiert wird.

106

Zungenbrecher

Zungenbrecher sind eine Herausforderung für Kinder, mit der
Sprache zu spielen.
Sie entdecken Sprache als Spielmaterial.

Gefördert werden insbesondere

Auditive Wahrnehmung

Sprachentwicklung

Ich-Kompetenz

Sozialkompetenz

Zungenbrecher

Mitspieler/innen: 1 und mehr
Alter: ab 4 Jahren
Zeit: mindestens 5 Minuten
Material: keines
Ort: überall

Verlauf:
Wer kann das nachsprechen?

Fischers Fritze fischte frische Fische,
frische Fische fischte Fischers Fritze.

In Ulm und um Ulm und um Ulm herum.

Die Katze tritt die Treppe krumm.

Blaukraut bleibt Blaukraut und
Brautkleid bleibt Brautkleid.

Zehn Ziegen zogen zehn Zentner zum Zoo.

Kleine Kinder können keine Kirschkerne knacken.

Der Potsdamer Postkutscher putzt den
Potsdamer Postkutschkasten.

Schnalle schnell die Schnallen an die Schuhe.

Zwischen zwei Zwetschgenbäumen zwitschern zwei Schwalben.

Diverse Spiele

Auch bei diesen Spielen steht der Spaß im Vordergrund!
Zusätzlich hat jedes Spiel jedoch noch unterschiedliche, sehr
wertvolle Schwerpunkte, die sich fördernd auf die Entwicklung
des Kindes auswirken und somit seine Kompetenzen erweitern.

Schokoladenessen

Mitspieler/innen:	3 und mehr
Alter:	ab 5 Jahren
Zeit:	mindestens 10 Minuten
Material:	eine Tafel Schokolade, Zeitungs- und Geschenkpapier, ein Schal, eine Mütze, Handschuhe, ein Messer, eine Gabel, ein Holzbrett, ein Würfel
Ort:	am Tisch

Gefördert werden insbesondere

Visuelle Wahrnehmung

Körperorientierung

Bewegungsplanung

Ich-Kompetenz

Sachkompetenz

Sozialkompetenz

Diverse Spiele

110

Verlauf:

Die Kinder sitzen an einem Tisch, in der Mitte liegt die eingepackte Schokolade.

Daneben liegen die Kleidungsstücke zum Überziehen sowie Messer und Gabel. Jetzt wird der Reihe nach gewürfelt. Würfelt ein Kind eine 6, so muss es blitzschnell Mütze, Schal und Handschuhe überziehen und versuchen, die Schokolade mit Messer und Gabel auszupacken. Währenddessen würfeln die andern Kinder immer weiter. Würfelt wieder ein Kind eine 6, so bekommt es Mütze, Schal und Handschuhe und darf nun die Schokolade weiter auspacken. Ziel ist es, so weit an die Schokolade heranzukommen, dass man sich ein Stück Schokolade abschneiden kann. Dabei kommt man natürlich ganz schön ins Schwitzen.

Alle Vögel fliegen hoch

Mitspieler/innen:	3 und mehr
Alter:	ab 3 Jahren
Zeit:	mindestens 10 Minuten
Material:	keines
Ort:	am Tisch

Gefördert werden insbesondere

Auditive Wahrnehmung

Ich-Kompetenz

Sachkompetenz

Verlauf:

Die Kinder sitzen um einen Tisch herum. Ihre Handflächen liegen auf der Tischplatte. Die Spielleiterin ruft: „Alle Vögel fliegen hoch" und nennt dabei ein fliegendes Tier, zum Beispiel die Gans, die Fledermaus, die Lerche, die Biene, es muss nicht immer ein Vogel sein. Gleichzeitig reißt die Spielleiterin ihre Hände und Arme schnell in die Luft und alle Mitspielerinnen und Mitspieler tun das ebenso. Immer wieder gehen die Hände hoch in die Luft und wieder zurück auf die Tischplatte. Das geht so lange, bis Tiere genannt werden, die nicht fliegen können. Wer trotzdem die Arme hochwirft, setzt einmal aus. Die Spielleiterin selbst darf ihre Arme auch bei nicht fliegenden Tieren hoch reißen, so führt sie die Kinder natürlich oft in die Irre.

Variante:

Es können außer den Tieren noch Gegenstände genannt werden z.B. Flugzeuge, Hubschrauber, Raketen als fliegende Gegenstände und ebenso auch nicht fliegende Gegenstände.

Mein rechter Platz ist leer

Mitspieler/innen:	6 und mehr
Alter:	ab 3 Jahren
Zeit:	mindestens 5 Minuten
Material:	keines
Ort:	im Stuhlkreis

Gefördert werden insbesondere

Bewegungsplanung

Sachkompetenz

Sozialkompetenz

Verlauf:
Für dieses Spiel wird ein Stuhlkreis benötigt, in dem ein Stuhl
mehr steht als Kinder mitspielen. Die Kinder setzen sich auf die
Stühle, das Kind, das rechts neben den leeren Stuhl sitzt, darf
beginnen. Es spricht folgenden Satz:

„Mein rechter, rechter Platz ist leer,
ich wünsche mir die Franka her!"

Das gerufene Kind, in diesem Fall Franka, setzt sich auf den leeren
Stuhl. Dadurch ist ihr Platz frei geworden, und das Kind, an dessen
rechter Seite jetzt der leere Stuhl steht, darf das Spiel fortsetzen.

Variante:
Das Kind sagt
„Mein rechter, rechter Platz ist leer,
ich wünsche mir die Franka als Vogel her."

Franka hat nun die Aufgabe, sich wie ein Vogel zum leeren Platz
zu begeben. Dieser Platzwechsel kann auch mit Tierlauten begleit-
et werden. Statt Tieren sind auch Gegenstände, wie z.B. Autos
oder Flugzeuge, denkbar.

Mäuschen sag mal Piep

Mitspieler/innen:	6 und mehr
Alter:	ab 4 Jahren
Zeit:	mindestens 10 Minuten
Material:	ein Tuch (zum Augen verbinden)
Ort:	im Stuhlkreis

Gefördert werden insbesondere

Berührungswahrnehmung

Tiefen-, Lage- und Bewegungswahrnehmung

Gleichgewichtswahrnehmung

Auditive Wahrnehmung

Ich-Kompetenz

Sozialkompetenz

Verlauf:
Mit Hilfe eines Abzählreimes wird ein Kind ausgesucht, ihm werden die Augen verbunden. Die anderen Kinder sitzen im Stuhlkreis. Das Kind mit den verbundenen Augen wird in der Mitte des Stuhlkreises ein paar mal um die eigene Achse gedreht. Danach sucht es sich ein Kind aus, setzt sich auf seinen Schoß und sagt: „Mäuschen sag mal piep!" Das ausgewählte Kind versucht, mit verstellter Stimme einen Piepton von sich zu geben. Das andere Kind soll den Namen des „Mäuschens" erraten. Gelingt es ihm, so wechseln die Kinder ihre Positionen, dem „Mäuschen" werden die Augen verbunden. Rät das Kind falsch, so geht es weiter zu einem anderen Kind und versucht dort sein Glück.

Variante:
Als Hilfe zum Raten des „Mäuschens" kann das entsprechende Kind zusätzlich auch abgetastet werden.

Stille Post

Mitspieler/innen:	5 und mehr
Alter:	ab 4 Jahren
Zeit:	mindestens 10 Minuten
Material:	keines
Ort:	überall

Gefördert werden insbesondere

Auditive Wahrnehmung

Sozialkompetenz

Verlauf:
Mindestens sechs Kinder sitzen dicht beieinander im Kreis. Ein Kind flüstert dem Kind neben ihm ein schweres Wort oder einen kurzen Satz ins Ohr. Zum Beispiel: „Möbelwagen"oder „Die Hunde bellen im Garten". Dieses Kind flüstert nun seinerseits dem nächsten Kind schnell ins Ohr, was es verstanden hat. In Windeseile wandert so der Satz bzw. das Wort von Ohr zu Ohr. Dabei darf kein Kind das Geflüsterte laut vorsprechen. Jedes gibt das weiter, was es verstanden hat. Das letzte Kind sagt dann laut, was ihm zugeflüstert wurde bzw. was es verstanden hat. Was im Verlauf der Runde wohl aus dem „Möbelwagen" geworden ist?

Schachtelnasen

Mitspieler/innen:	6 und mehr
Alter:	ab 5 Jahren
Zeit:	mindestens 10 Minuten
Material:	2 Hüllen einer Streichholzschachtel
Ort:	überall

Gefördert werden insbesondere

Berührungswahrnehmung

Gleichgewichtswahrnehmung

Sachkompetenz

Sozialkompetenz

Tiefen-, Lage- und Bewegungswahrnehmung

Verlauf:

Zunächst werden zwei Gruppen aus jeweils gleich vielen Kindern gebildet. Jede Gruppe bekommt die Hülle einer Streichholzschachtel. Das erste Kind jeder Gruppe steckt sich die Hüllen auf die Nase. Ohne die Hände zu gebrauchen, sollen die Hüllen nun von Nase zu Nase wandern. Da die Hände nicht benutzt werden dürfen, ergeben sich bei diesem Spiel lustige Verrenkungen und Grimassen. Gewonnen hat die Gruppe, deren Streichholzschachtel zuerst bei der letzten Nase anlangt.

Figurenreißen

Mitspieler/innen:	4 und mehr
Alter:	ab 5 Jahren
Zeit:	mindestens 10 Minuten
Material:	keines
Ort:	Turnhalle, Bewegungshalle, Wiese

Gefördert werden insbesondere

Tiefen-, Lage- und Bewegungswahrnehmung

Gleichgewichtswahrnehmung

Ich-Kompetenz

Sozialkompetenz

Verlauf:
Ein Kind – möglichst ein größeres, stärkeres Kind, ist der „Reißer". Es dreht sich um sich selbst, hat dabei ein anderes Kind an der Hand und lässt dieses plötzlich los. Das andere Kind muss in der Stellung verharren, in die es der Schwung gebracht hat. Dies wird mit allen Mitspielerinnen und Mitspielern wiederholt. Danach sagt der „Reißer" den Figuren, was sie tun sollen, z.B.: „Alle Figuren stehen auf einem Bein" oder: „Alle Figuren hüpfen, oder putzen sich die Nase oder Ähnliches". Die Figuren kommen den Aufforderungen nach, behalten dabei aber ihre Position bei.

Variante:
Wieder werden alle Kinder „geworfen". Das jeweils losgelassenen Kind sollte nun so im Gras liegen bleiben, wie es gefallen ist. Liegen alle Figuren, ruft der „Reißer": „Figuren, bewegt euch!". Die Figuren bewegen sich, bleiben bei „Stopp" aber wieder stehen. Der „Reißer" bestimmt die schönste Figur, diese darf dann die Rolle des „Reißers" einnehmen.

Kippel – Kappel

Mitspieler/innen:	2 und mehr
Alter:	ab 5 Jahren
Zeit:	mindestens 10 Minuten
Material:	ein 10 - 12 cm langes an beiden Enden angespitztes Holzstöckchen (Kippel) und ein 40 - 50 cm langer Stock (Kappel)
Ort:	Turnhalle, Bewegungsraum, Wiese

Gefördert werden insbesondere

Tiefen-, Lage-und Bewegungswahrnehmung

Visuelle Wahrnehmung

Bewegungsplanung

Sachkompetenz

Verlauf:
Entweder wird in einen Sandweg eine 10 cm lange und ca. 3 -4 cm tiefe Rille gekratzt, oder es werden zwei gleich große Steine nebeneinander gelegt, auf die der Kippel gesetzt wird. Etwa 5 m von der Rille, bzw. den Steinen wird eine Linie gezogen. Ein Kind, der Fänger, steht etwa 10 Schritte von dieser Linie entfernt. Das andere Kind, der Schläger, legt den Kippel über die Ritze bzw. über die Steine und schlägt mit dem Kappel den Kippel hoch, sodass er in Richtung Fänger fliegt.
1. erreicht der Kippel die gezogene Linie nicht, bekommt der Fänger 20 Punkte
2. ist der Kippel hinter der Linie vom Fänger gefangen worden, so bekommt dieser ebenfalls 20 Punkte
3. wird der Kippel nicht gefangen, so nimmt der Fänger den Kippel, stellt sich vor die markierte Linie und versucht damit den Kappel, der jetzt quer über die Rille gelegt wird zu treffen. Gelingt es ihm, so werden die Rollen getauscht, aber es werden keine Punkte vergeben. Wenn nicht, so wiederholt sich das Spiel und der Schläger darf noch einmal schlagen.
Das Spiel ist zu Ende, wenn eine vorher ausgemachte Punktzahl (z.B. 200 Punkte) erreicht ist.

Blind wandern

Mitspieler/innen:	4 und mehr
Alter:	ab 5 Jahren
Zeit:	mindestens 10 Minuten
Material:	eine Augenbinde und ein Stock
Ort:	Turnhalle, Bewegungsraum, Wiese

Gefördert werden insbesondere

Tiefen-, Lage- und Bewegungswahrnehmung

Visuelle Wahrnehmung

Bewegungsplanung

Ich-Kompetenz

Sozialkompetenz

Verlauf:
Am Ende des Spielfeldes steht ein Stock. Zunächst werden die Schritte gezählt, von einem Ende des Spielfeldes bis zu diesem Stock. Jetzt bekommt ein Kind die Augen verbunden, es geht die erforderliche Schrittzahl und bleibt dann stehen. So kommen nach und nach alle Kinder an die Reihe. Wer dem Stab am nächsten steht, hat gewonnen.

Der fliegende Fisch

Mitspieler/innen:	9 und mehr
Alter:	ab 6 Jahren
Zeit:	mindestens 5 Minuten
Material:	keines
Ort:	überall

Gefördert werden insbesondere

Tiefen-, Lage- und Bewegungswahrnehmung

Bewegungsplanung

Gleichgewichtswahrnehmung

Sozialkompetenz

Verlauf

Ein Kind, das möglichst nicht zu schwer ist, wird als „Fisch" aus-gewählt. Die anderen Kinder stehen sich in zwei Reihen gegenüber. Dabei halten sich jeweils die Kinder an den Händen, die sich direkt gegenüber stehen. Nun legt sich der „Fisch" auf die „Armgasse". Bäuchlings liegt er da, wird hochgeworfen und zieht sich dabei durch Einhaken der vorgestreckten Hände immer weiter nach vorn. Am Ende der Gasse steht die Spielleiterin und nimmt ihn mit beiden Armen in Empfang.

Regenwurmkampf

Mitspieler/innen:	7 und mehr
Alter:	ab 4 Jahren
Zeit:	mindestens 10 Minuten
Material:	ein Seil
Ort:	Turnhalle, Bewegungsraum, Wiese

Gefördert werden insbesondere

Bewegungswahrnehmung

Visuelle Wahrnehmung

Bewegungsplanung

Sozialkompetenz

Verlauf

Ein Kind bekommt ein dickes Seil, das es mit schlängelnden Bewegungen hinter sich her zieht. Die anderen Kinder versuchen auf das zuckende Seil zu treten. Wenn alle Kinder auf dem Seil stehen, so dass es nicht mehr bewegt werden kann, haben sie gewonnen.

Zittermühle

Mitspieler/innen:	2 und mehr
Alter:	ab 5 Jahren
Zeit:	mindestens 5 Minuten
Material:	keines
Ort:	Turnhalle, Bewegungsraum, Wiese

Gefördert werden insbesondere

Tiefen-, Lage- und Bewegungswahrnehmung

Gleichgewichtswahrnehmung

Bewegungsplanung

Seitigkeit

Sozialkompetenz

Diverse
Spiele

122

Verlauf:
Zwei ungefähr gleich große Kinder stehen einander gegenüber
und fassen sich mit ausgestreckten Armen, die Hände überkreuz.
Die Fußspitzen stellen sie dicht zusammen, sie lehnen sich zurück
- soweit es die Arme erlauben - und schwingen mit trippelnden
Füßen schnell und immer schneller werdend im Kreis herum.
Irgendwann purzeln beide auf den Boden, der möglichst weich
sein sollte.

Dabei wird folgender Vers gesprochen:

„Erst die Mühle,
dann die Stühle,
dann der Wind
und dann geschwind!!!"

Oder:
„Die Mühle geht sehr langsam,
die Mühle geht schnell
und immer schneller, schneller, schneller!!!"

Topfschlagen

Mitspieler/innen:	4 und mehr
Alter:	ab 3 Jahren
Zeit:	mindestens 10 Minuten
Material:	eine Augenbinde, ein Topf oder ein Eimer, ein Stock oder ein Kochlöffel
Ort:	überall

Gefördert werden insbesondere

Berührungswahrnehmung

Tiefen-, Lage- und Bewegungswahrnehmung

Auditive Wahrnehmung

Bewegungsplanung

Ich-Kompetenz

Sozialkompetenz

Verlauf:
Einem Kind werden die Augen verbunden, es bekommt einen
Stock in die Hand und wird mehrfach um die eigene Achse
gedreht. Ein Eimer (oder ein Topf) wird umgekehrt auf den Boden
gestellt. Ein anderes Kind klopft auf diesen Eimer und weist so
dem Kind mit den verbundenen Augen die richtige Richtung. Das
„blinde" Kind tastet sich nun mit dem Stock in die Richtung des
Eimers vor. Hat es den Eimer getroffen, so kommt ein anderes Kind
an die Reihe. Bei Kinderfesten oder Geburtstagsfeiern kann man
den Kindern ein kleines Geschenk unter den Eimer legen.
Die anderen Kinder können dem „Blinden" bei der Suche helfen,
indem sie „heiß" rufen, wenn er dicht dran ist bzw. „kalt", wenn er
weiter weg ist.

Alle Spiele auf einen Blick

Register

124

Register

125

Register

126

Literaturempfehlungen

Barth, Karlheinz: Lernschwächen früh erkennen im Vorschul- und Grundschulalter. Ernst Reinhardt Verlag, München 1999

Grystei, Camilla: 40 alte Kinderspiele neu entdeckt moses Kinderbuchverlag, Kempen 1996

Stiefenhofer, Martin: Schöne alte Kinderspiele Weltbild Verlag, Augsburg 2001

Thiesen, Peter: Himmel, Hölle und Co. Beltz Verlag, Weinheim 1999

Trautwein, Gisela: Alte Kreisspiele Band 1. Verlag Herder, Freiburg 1993

Trautwein, Gisela: Alte Kreisspiele Band 2. Verlag Herder, Freiburg 1994

Woll, Johanna: Alte Kinderspiele. Verlag Eugen Ulmer, Stuttgart 1988

Fördern ohne Leistungsdruck

Bärbel Merthan
Spiele zur Schulvorbereitung
Band 2
128 Seiten, kartoniert,
mit zahlreichen Fotos und
Illustrationen

ISBN 3-451-27642-9

Der Übergang vom Kindergarten in die Schule ist ein wichtiger
Schritt im Leben eines jeden Kindes. Das vorliegende Buch hilft
dabei, die Kinder spielerisch auf die Anforderungen, die in der
Schule gestellt werden, vorzubereiten. Alle Angebote der um-
fangreichen Sammlung von Spielen und Übungen zur sprachli-
chen und kognitiven Entwicklung können problemlos in die
tägliche Kindergartenarbeit eingebunden werden.

In Ihrer Buchhandlung erhältlich!   **HERDER**